茂山逸平
風姿和伝
ぺぺの狂言はじめの一歩

監修
茂山逸平
構成・文・編
中村　純
写真
上杉　遥

はじめに

茂山逸平

「狂言」という言葉から皆さんはどんなイメージを思い浮かべますか？　堅苦しい？　難しい？　分からない？　古臭い？　もしくはそんなイメージすら思い浮かばない方もいらっしゃるかもしれませんね。

狂言とは今から７００年程昔の室町時代に「能楽」の中で成立した日本の古典芸能の一つです。

こうやって書くといかにも堅苦しく難しく思われますか？　心配いりません！　伝統や古典という言葉が使われていても、芸能に変わりはありませんので安心してください。

エンターテイメントとしてお客様に楽しんでいただくために作られたものですので、ルールさえ分かっていただければ大人の方からお子様まで楽しめるのです。ただ古くから伝わっているお芝居なので、普段、皆様の思い浮かべるお芝居とは少しルールが違うだけです。

そんなルールを紐解きながらこの本を読んでいただき、狂言に対するイメージや日本の古典芸能に対する先入観を取り除いていただけたら良いな！　と思っています。よく私は、狂言とは「日本で一番古い、笑いのお芝居」と説明させていただきます。昔の日本には現代の日本にある近代的な劇場は無く、マイクも無ければ華やかな照明効果を作ることのできる機材もありません。そのような状況で最大限お客様に楽しんでいただけるように演出され、創造されたお芝居であることを理解していただくだけなのです。

マイクが無いから自分で声を大きくする。遠くで見ているお客様にも分かっていただきやすいように、身体表現を大ぶりにします。特殊な演出ではなく実はシンプルな理由なのです。

そして大きな舞台装置も使わないので舞台上には「〇〇のつもり」がいっぱいです。ルールの根本は子どもの頃に遊んだ「〇〇ごっこ遊び」に非常に近いかもしれません。

「誰々になったつもりで、何処何処のつもりで、何々を持っているつもりで」遊んでいませんでしたか？「お母さんになったつもりで、お台所のつもりで、フライパンを持っているつもりで」おままごとしませんでしか？「侍になったつもりで、戦場のつもりで、刀を持っているつもりで」チャンバラごっこをしていた時のルールです。そんな子どもの遊びのルールに近いお芝居と思っていただければ、堅苦しいとか難しいといった心配は消えてしまうのではないでしょうか？

では、なぜわざわざ伝統とか古典という言葉が冠についているの？　わざわざそんな言葉を付けて堅苦しいイメージを付けなくても！　と思われる方もいらっしゃるかもしれません。そんなご意見も僕自身は至極真っ当だと思います。「狂言」は昔から受け継がれ伝えられてきた日本文化の一つでもあるので、受け継ぎ伝えていくのも大切なことなのです。伝統や古典とはどういった世界なのか？　といったことも、この本にある僕と慶和の親子の関係性を通じて覗いてくだされば「日本の伝統芸能」に親しみを持っていただけるかもしれません。

『那須語』 2013年 HANAGATA

茂山逸平　風姿和伝　ぺぺの狂言はじめの一歩　目次

茂山慶和（しげやま　よしかず）

逸平の息子。２００９年生まれ。４歳のときに『以呂波』で初舞台。小学校１年生から謡曲を習い、義経の生まれ変わりだというほどに義経好き。稽古のあとの楽しみは大黒ラーメン。

茂山逸平（しげやま　いっぺい）

能楽師大蔵流狂言方。

１９７９年京都生まれ。曾祖父故三世茂山千作、祖父四世茂山千作、父二世茂山七五三に師事。甥と姪が生まれたときに、ぺぺと呼ばれたので、茂山家では以降ぺぺと呼ばれるようになった。

【其の一】

大蔵流〈茂山千五郎家〉お豆腐狂言

和《わ》らいの芸人

みなさんは狂言を見たことがありますか？

「古典芸能は難しい」と思っている方もあるかもしれません。

それならば、時代劇は見たことはあるでしょうか。子連れ狼は、「大五郎！」と呼べば、「ちゃん！」と応える父子の刺客の時代劇。時代設定が過去でも、父と子の愛と闘いの物語があるからこそ、おじいちゃんからお孫さんまでテレビの前に集いました。

この本は、日本で一番古いお笑いの芸人＝狂言師の父・ぺぺこと茂山逸平と息子慶和が日々狂言稽古にはげみ、狂言師の日常や狂言の曲について、みなさんに分かりやすくご紹介する物語です。この本をきっかけに、読者の方たちが狂言に親しみを持たれ、狂言を観に来てくださることを願っています。狂言は、能楽師狂言方というのが正式な名称です。関西の人なら、小さなころから吉本新喜劇を見て育った人も多いと思います。昭和生まれの人なら、土曜の夜『8時だヨ、全員集合！』で、ザ・ドリフターズのコントを楽しみにしていたでしょうか。例えば、ドリフの雷コントを覚えていますか？　狂言にも雷の演目『神鳴《かみなり》』があります。僕たちがドリフの雷コントに大笑いしたように、室町時代の人たちも、雷コントに笑っていたんですね。

つまり、僕ら狂言師は、吉本の芸人さんやドリフターズと同じ、お笑いの芸人です。伝統、古典という枠を取りはらって自由に考えると、狂言がずっと、もっと近いものになります。祖父の千作は、20年くらい前から「和らい」と言っていました。京都の語感では、ほっこりなごむような感じに近いです。

だから、僕らを和らいの芸人と言ってもよいかもしれません。

狂言は室町時代の庶民の日常ことばの会話劇。

ぼくたちが古典として学校で触れるのは、平安時代や鎌倉時代の書き言葉の文学です。当時は、書き言葉はお役人や特権階級が文書で使うもので、話し言葉とは全く別ものだったのです。

町の人たちは、今のぼくらと同じように、生き生きと自分たちの言葉で会話して

能『翁』「三番三」 2014年　八坂神社初能奉納

いました。室町時代に録音技術はないので、室町時代の人たちが話していた姿や声を、今聞いたり見たりすることはできません。でも、ぼくらは狂言を通じて、室町時代のことばや笑いを再現できます。狂言には今と変わらぬ、愛すべきおっちょこちょいな人物がでてきます。

狂言とは何か

狂言の源流は、奈良時代に中国から伝わってきた散楽という大衆芸能に、日本の歌や踊り、形態模写（ものまね）、曲芸軽業《かるわざ》（サーカスのようなもの）などのおもしろい芸を加えて、平安時代に発展した猿（申）楽《さる》です。

平安時代から鎌倉時代、神社やお寺の由緒や神仏をわかりやすく庶民に伝えるためにお芝居の形をとりました。演じていたのは寺社に所属する猿楽師です。この猿楽の演劇が、狂言のお芝居のはじまりです。猿楽は、寺や神社や町中で、通りすがりの庶民相手に演じられていたとても親しみ深いものでした。

神様を楽しませるのが神楽《かぐら》、人に見せるものが猿（申）楽と考えると分かりやすい

2013年　千本釈迦堂節分奉納

かもしれません。

茂山家は、今も京都の北野天満宮の節分の追儺《ついな》式（鬼を追い払う儀式）や、千本釈迦堂《せんぼんしゃかどう》の節分会の古式鬼追いの儀で、狂言を奉納しています。

京都では、今でも寺社の儀式が営々と受け継がれています。町の人たちは祭りをそれぞれの役割で担い、ぼくら狂言師も狂言でその祭りを担っています。

このように狂言は、庶民の暮らしと儀式や行事の中に、笑いとして息づき続けている芸能です。

お笑いバージョンアップ

寺社の儀式等をわかりやすくするお芝居が狂言のはじまりでした。やがて、猿楽の演目のうち、歌と踊りがメインのものが能と呼ばれるようになりました。やがて、金閣寺の足利義満の時代になって、能役者の観阿弥《かんあみ》・世阿弥《ぜあみ》親子が将軍貴族たちに認められ、能を芸能として高めていきました。

その時代は、狂言は、能の舞台の合間に滑稽なお芝居として演じられるようになりました。狂言はお笑い担当となり、仏教説話のモデルとなったお坊さんの一休宗純や、仏教説話の『沙石集《しゃせきしゅう》』のおもろしい場面を舞台化したりしていきます。

以前は、小学校の国語教科書に『附子《ぶす》』という狂言の台本が載っていました。主人が「留守の間、附子という猛毒が入っている桶に近づくな」と太郎冠者と次郎冠者に言って外出します。ところが太郎冠者が附子をなめてみると毒ではなく砂糖だった。太郎冠者と次郎冠者は砂糖を食べつくしてしまいます。ふたりは主人が大事にしている茶碗や掛け軸を壊し、「死んでお詫びをしようと附子を全部食べたのだ」と大泣きするお話です。

現代なら小説を映画化するように、昔は説話をお芝居の形にして楽しんだのです。

親子で楽しむ狂言

狂言のおもしろいところは、物まねやごっこ遊びを目の前で見られることです。木に登ったつもり、石を投げたつもり。エアギターのように、そこに「あるつもり」で演じるのです。

狂言には、猿や鳥の鳴き声、雷の様子など、赤ちゃんや小さい人が喜ぶ擬音語、擬態語がたくさんでてきます。赤ちゃんに、「ガラガラ〜」「キャッキャッ」「こちょこちょ」といって身振り手振りをすると大笑いするでしょう？

ぼくらは、赤ちゃんや子どもを大笑いさせるプロです。真剣に動物の鳴き声をやります。

それに狂言は時間が短い。飽きない。ちゃんとわかる。悪人が出てこない。だれも傷つかない、だれも傷つけない。人が死なない。幽霊が出てきてもタコの幽霊だったり。だから、ぜひ親子で一緒に見に来てほしいな、と思います。

大蔵流〈茂山千五郎家〉お豆腐狂言

ぼくら、茂山千五郎家は江戸時代初期から京都在住の狂言師の家です。

初代から四代目までは記録がないのですが、貞享4（1687）年の文献に「油小路通四条下る」に茂山徳兵衛という狂言師がいたことが記されています。

油小路は、今も京都市の南北を通る小路ですが、平安京の時代からの小路です。

この徳兵衛が茂山家五代目。六代目から京都御所に出入りを許される禁裏御用の能楽師として、狂言を上演していたようです。今でいう宮内庁御用達のような扱いです。こうして茂山家は、現在まで四百年にわたり京都で狂言の普及・継承に勤めています。

茂山千五郎家には「お豆腐のような狂言師」という言葉があります。

その由来は、十世正重（二世千作　１８６４－１９５０）への悪口です。室町時代に能楽（能と狂言）は、武家の式楽（儀式の芸能）となり、江戸時代の終わりまで能楽は特権階級のものになってしまいました。もともとは、庶民が通りすがりに楽しむものだったのに、ハードルが高くなってしまったのです。

しかし、明治維新で江戸幕府が消滅し、大名たちに保護されていた能楽師たちは失業します。

明治、大正、昭和の時代は、能は舞台で芸術性を維持し興行を続けました。やがて第二次世界大戦の苦しい時代に、世の中に笑いが必要となりました。正重は、室町時代以前のように気軽に狂言を楽しんでもらおうと思いました。

茂山家は、子どもたちの安寧を願う京都の地域の行事の地蔵盆、結婚式、お祝いの席などに出向いて狂言を上演しました。

「うちの宴会来てくれへん?」「結婚式で狂言してくれへん?」「地域の婦人会に来てや」というように声がかかり、正重は、能から独立した狂言だけの営業を始めたのです。すると、「茂山の狂言は、どこの家の食卓にも上がる豆腐のような安い奴らや。」と悪口を言われました。

正重は、「どこにでも出ていきよるんや」と悪口を言われたのを逆手にとって、呼ばれた場所に合わせて狂言をする「お豆腐狂言」を名乗りました。

「お豆腐のようにどんな所でも喜んでいただける狂言を演じればよい。より美味しいお豆腐になることに努力すればよい。」それ以来、お豆腐主義はぼくらの家訓です。

ぼくたちは、小学校、中学校、高校の体育館や、修学旅行生の宿泊する旅館でも狂言をします。修学旅行生が晩御飯を食べたあとのすき焼きの匂いのする会場、お風呂上りのシャンプーの匂いのするところで、「ええ匂いやなあ」と思いながら演じるのです。

普段の舞台に来てくださるのは、どちらかというとご年配の方が多いのですが、子どもたち、若い世代の方たちにも狂言を見てほしいと思っています。

本物の芸を見たら、「こっちがいい」「すごい」と子どもたちは思ってくれます。「狂言っておもしろいなあ」という体験をした人たちが、大人になって見に来てくれることを願っています。

息子の慶和は今年小学5年生。甥には小学生から中学生の4人がいます。将来、息子や甥たちがきちんとした形で狂言師として呼ばれる土壌を作ること。それは親としても、先代たちが努力して敷いてくれたレールを現在進行形で歩ませてもらっている狂言師としても思うことです。先代たちが作った道を、次の世代に減らしてはいけない。

そう思いながら、ぼくらは京都の旧い小路を世界に向けて歩き続けています。

【其の二】「HANAGATA」の5人が語る、狂言のこれから

茂山千五郎家家系図

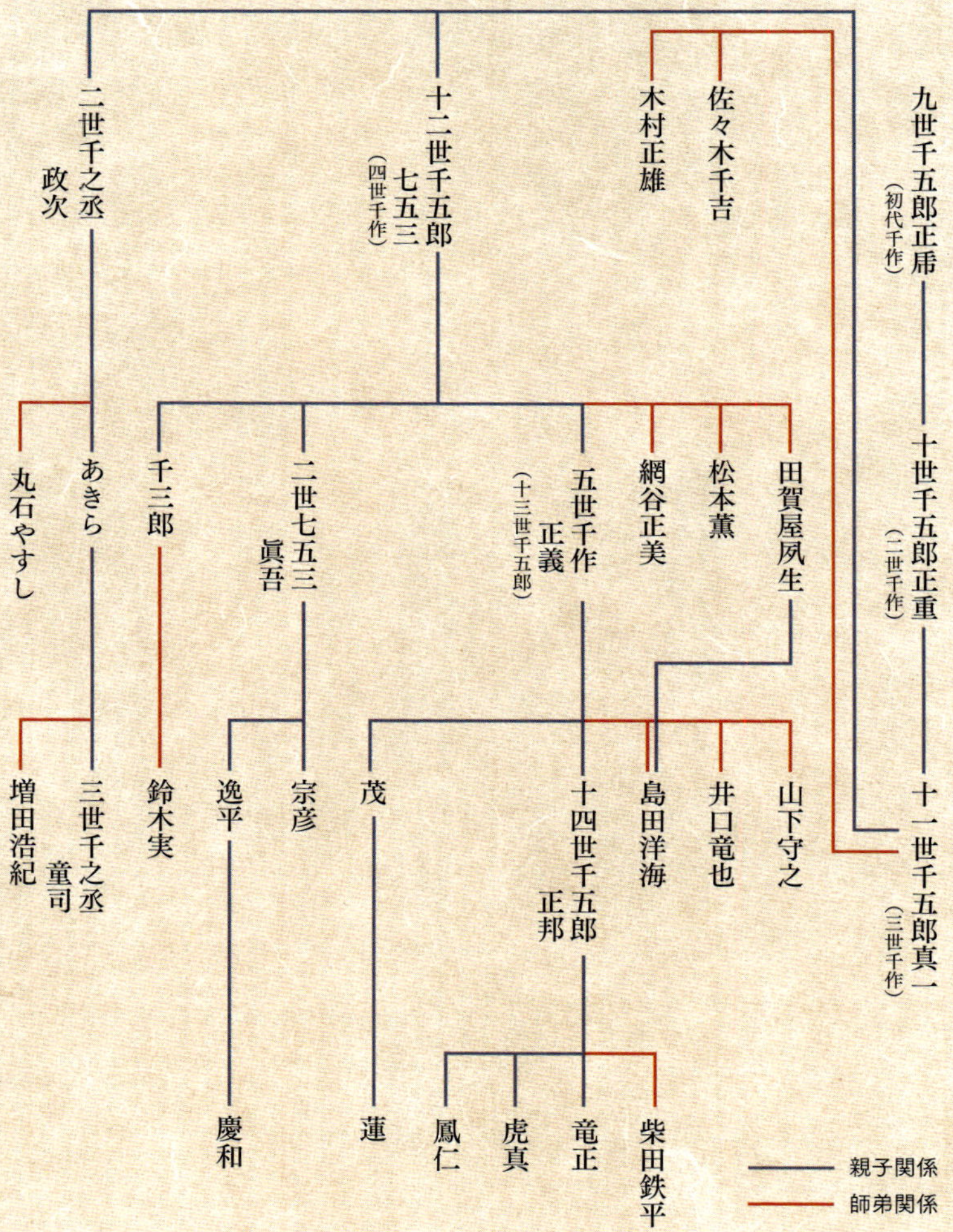

出典　お豆腐狂言※茂山千五郎家HPより

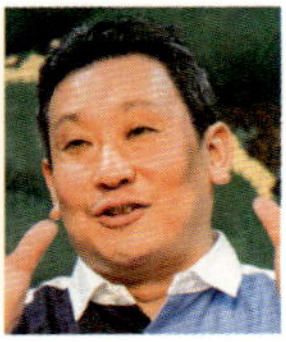

十四世 茂山 千五郎（しげやま せんごろう）

能楽師大蔵流狂言方　五世千作の長男　茂山千五郎家当主。1972年生まれ。「茂山狂言会」花形狂言会改め「HANAGATA」、茂との兄弟会「傅之会《かしずきのかい》」、落語家桂よね吉との二人会「笑えない会」を主催。2016年、十四世茂山千五郎を襲名。

茂山宗彦（しげやま もとひこ）

能楽師大蔵流狂言方　二世七五三《しめ》の長男で逸平の兄　1975年生まれ。1994年に従兄弟の茂山 茂・弟の茂山 逸平 らと共に「花形狂言少年隊」を結成。弟逸平と共に、新作二人芝居〈宗彦、逸平の That's Entertainment「おそれいります、シェイクスピアさん」〉に挑戦するなど幅広く活躍。

茂山茂（しげやま しげる）

能楽師大蔵流狂言方　五世千作の次男、千五郎の弟　1975年生まれ。1994年に従兄弟の茂山 宗彦・茂山 逸平 らと共に「花形狂言少年隊」を結成。2015年より兄の千五郎と共に「傅之会」を発足。

茂山逸平（しげやま いっぺい）

能楽師大蔵流狂言方　二世七五三《しめ》の次男で宗彦の弟　1979年生まれ。1994年に従兄弟の茂山 茂・兄の茂山 宗彦 らと共に「花形狂言少年隊」を結成。2009年より日本舞踊、尾上流四代目家元三代目尾上菊之丞と「逸青会」を主催。

三世 茂山千之丞（しげやま せんのじょう）

能楽師大蔵流狂言方　あきらの長男　1983年生まれ。1995年に、茂、宗彦、逸平が結成した「花形狂言少年隊」に入隊。2013年から作・演出を手がける新作〝純狂言〟集「マリコウジ」、コント公演「ヒャクマンベン」を始動。バイリンガル狂言師。2018年　三世茂山千之丞を襲名。

生涯現役

京都は、神社仏閣の年中行事が日常的にあちらこちらであり、京町衆などの市民、観光客も、行事を通じて季節の移り変わりを実感できる街です。

京都の能楽師狂言方〈茂山千五郎家〉は、平安神宮、北野天満宮、千本釈迦堂へ狂言を奉納してきました。２０１９年２月３日、節分会の奉納狂言を終えて、狂言師としても花の盛りのＨＡＮＡＧＡＴＡ五人衆が茂山千五郎家の稽古場に集まってくださいました。

（聞き手・構成　中村純）

花形狂言会改め「ＨＡＮＡＧＡＴＡ」の５人

——今日は、「ＨＡＮＡＧＡＴＡ」５人の皆さんに、ご自身のこれまでと今、これからについて、お話いただきます。

千五郎　茂山千五郎でございます。今年は、私の祖父の四世千作が亡くなりまして春に7回忌、秋には千作の生誕百周年です。当主として、頑張っていきたいと思います。

逸平　茂山逸平です。今年は40歳になります。30歳から始めた狂言季期を復活させたいと思っています。『狸腹鼓《たぬきのはらつづみ》』という大曲に挑戦します。

茂　茂山茂です。今年44歳なので狂言師40周年。今は自分のことより子どもの稽古で精一杯の日々です。息子が2週間後に大きな役をしますので、それが終わったら40周年に向けて少し自分のことも考えていこうと思っています。

宗彦　茂山逸平の兄で、茂と千五郎の従兄弟の茂山宗彦です。今日ちょっと寝坊をしました。みなさんに迷惑をかけないように一年を過ごしたいと思っています。

千之丞　茂山童司です！

一同　違うやろ！(笑)

千之丞　茂山千之丞です。昨年末に襲名をしまして、1月は多忙でした。2月に東京で襲名披露公演があって、もうそろそろ襲名も飽きてきました(笑)。6月に神奈川芸術劇場で『ゴドーを待ちながら』というサミュエル・ベケットの作品に出させていただくことになっています。これはちょっと楽しみにしています。

父(あきら)が、「NOHO(能法)劇団」を主宰していて、ベケットの演劇をしています。父が適齢期になったら出演したいと言っていた作品ですが、僕が出させてもらうことになりました。千之丞になった年にオファーがきたので縁があるのかもしれません。

――襲名の時期はどのように決めるのですか？

千之丞　周りが「襲名しろ」と言ってくるわずらわしさが限界に達したときです(笑)。

――襲名というのは、狂言方にとってどのような意味付けがあるのですか？

千之丞　人それぞれですよね。千五郎は当主だから、千五郎を襲名するときは、家のトップを譲ります、ということです。僕の場合はですね、祖父の千之丞が戦後の闇市で警察に捕まったとき、舞台の名前と悪さしたときに新聞に掲載される名前が同じだとまずい、ということで、急遽変えた名前が「千之丞」です。

逸平　おじいさん、悪いことまだするつもりだったの？

千之丞　闇屋はやめたけれど、その後も違法な取引をいっぱいいしていたと思う。

茂　こんにゃく芋買ったりね。

千之丞　戦後は食べられなかったから。祖父の千之丞が、そういう「悪いこと」で稼いだおかげで、うちに狐の面があったりします。

——戦後すぐのお話ですよね。

千之丞　祖父は1945年に捕まっています。

——おじいさんたちの世代、40年、50年代は狂言もできずに大変だったでしょうね。

一同　大変だったと思いますよ。

茂山千五郎家と奉納狂言

千五郎　百社奉納といって、茂山千五郎家では京都の神社に狂言を奉納してきました。今日は子どもたちも参加しておりましたが、私も高校生ぐらいで初めて奉納狂言に参りました。最近の茂山千五郎家の奉納狂言で、一番古くからさせていただいているのが北野天満宮です。昭和24、25年ごろからでしょうか。

——今年元日の平安神宮では、翁奉納の千之丞さんの『三《さん》番《ば》三《そう》』、1月3日の八坂神社での翁奉納は、あきらさんの『三番三』、千之丞さんの『千歳《せんざい》』の親子共演が奉納されましたね。

千之丞　平安神宮の奉納狂言は京都能楽会の仕事です。

茂　6月に薪能で平安神宮を使わせていただきますので、1月にお礼で奉納狂言をさせていただいて

能『翁』「三番三」あきら、「千歳」三世千之丞
2019年　八坂神社初能奉納

います。

千五郎　八坂神社の翁奉納は朝9時からなんです。新年の冷たい空気の中で、翁をさせていただくのはいいですね。

――逸平さんは、今日は千本釈迦堂さんでしたね。

逸平　千本釈迦堂の奉納狂言は平成元年からです。僕たちの祖父（四世千作）の妹の旦那さんのお弟子さんが鬼の面を作り、千本釈迦堂に奉納しました。そのご縁で、僕の父（七五三《しめ》）が平成元年に銀行を辞めた年から奉納を始めました。千作千五郎家は北野天満宮、あきらさん一家は平安神宮、僕と父は千本釈迦堂という分担になっています。いろいろ様変わりしながら続いてきています。以前はたいまつを持って走る東映の役者さんがいたこともありました。

――神社仏閣とのつながりを大事にされているのですね。

千五郎　奉納狂言は多いですね。やっぱり京都で活動する狂言師だからでしょう。

茂　奈良は春日神社と興福寺を中心に能楽が奉納されているようです。

逸平　普段狂言を見にきてくださる方が、奉納狂言も見にきてくださいます。

千五郎　奉納狂言は、近所の方や信者さんも多く見にきてくださいますね。

――京都では、このように、その街の人々のくらしの中に、能や狂言の芸能者が現役で活躍しているのですね。

戦後の茂山千五郎家と狂言

――戦後、学校狂言を再開されたのは、いつ頃ですか？

一同　学校狂言が盛んだったのが、昭和35年ごろだと思います。

――戦後、子どもたちに狂言を見てもらおうということで全国を回っていたのですか？

茂　祖父（四世千作）の時代はそもそも狂言を見てもらう機会がなかったのでしょう。自分たちで何でもいいから狂言を見てもらえる場をつくらなくてはということで、来てと言われたらどこにでも行って狂言をする、という繰り返しだったのだと思います。

千五郎　仕事をもってきてくれるプロモーターがいて、いろいろな学校に声をかけてくれたんですね。

千之丞　声もかけて、持ち逃げをされる方もいました（笑）。

茂　何人かプロモータがいたんですが、四国で巡業して帰りの船に来なかった人がいたそうです。四国巡業中の公演、学校から集金したお金を全部持ってそのまま逃げたようです。

――お父さん世代の狂言師の時代はどうでしたか？

逸平　父（七五三）は22歳で大学を卒業して、京都中央信用金庫に就職して18年間、40歳までサラリーマンと狂言を兼業しました。

――その時代と比べると、今の方が狂言を見る方も増えたのですか？

逸平　少なくとも、狂言師がほかの仕事についていなくとも、何とか食べられるようになったので、そういうことになると思います。祖父（四世千作）が人間国宝になったのが平成元年。そのころは、千作、千之丞がいて、その3、4年後に爆発的に狂言が拡がるようになりました。狂言師として油が乗り切

学校狂言

っているうまい祖父たちの世代と、僕ら若手がいたわけですから。

茂　お客さんとしては、若いお兄ちゃんを入り口に狂言に来たら、「めっちゃうまいじいちゃんいるわ」という状況だったと思います。うちの祖父たちは偉かったですよね。僕たち若い兄ちゃんが連れてきたお客さんを全部もっていく。やっぱり全然違う、やっぱりおじいちゃんすごいわ、と思われるだけの芸をしていました。

狂言、様々な試み

――心・技・体、教育的古典狂言推進準備研修錬磨の会＝TOPPA!とは、どんな活動ですか？

逸平　その良き時代に、すぐ消えていった新作をたくさん手掛けました。

千五郎　再演できないような新作もありますが、のびのびと狂言をしていた時代です。そのころ僕らが20代でしたが、もう一回狂言の基本に立ち戻ってやろうか、と始めたのがＴＯＰＰＡ！です。

茂　父たちの世代が「花形」という名前になり、僕たちは「花形狂言少年隊」でした。僕たちが自分たちで新作狂言をするには早かった。何年かしっかり古典をやって、狂言を自由に扱えるようになるステップとしてＴＯＰＰＡ！をやろうということになったんです。

逸平　今一度原点に返るというのがＴＯＰＰＡ！でしたね。

千五郎　花形という狂言会は、ほぼ新作を一本するのが大前提。僕が21歳で「花形」に入って、童司はまだ中学生。「花形」の活動を一緒にするには早い。それで、ＴＯＰＰＡ！で一緒に狂言の原点に戻る活動をしたんです。

――「傅《かしずき》の会」について、教えてください

2017・2018年　傅之会

千五郎　「傳の会」は、弟の茂と一緒に何かしたいということと、子どもたちにも舞台の場数を踏ませようと思って始めました。兄弟ならではの狂言をお見せして、それを子どもが見ながら育ってくれたらという思いがありました。僕らも子どものころ狂言の会でいろいろしてはいたけれど、友達が見に来ていたかというとそうではない。舞台はチケットの値段も高いので、子どもさんたちも気軽に見に来られる会ではなかったですしね。

――「傳の会」は、子ども料金五百円でしたね。

千五郎　はい。気軽に学校の友達が見に来てもらえる値段設定にしたんです。

――茂山千五郎家では、子どもたちに狂言を見せるイベントを結構していらっしゃいますね。逸平さんからいつも、「10歳で狂言を見たらその子たちが大人になっても来てくれると思っている」というお話を聞きます。

千五郎　お客さんは狂言師と同年代が多いんですよね。だから子どもが演じるときも、友達に見てもらって、狂言師とお客さんが、一緒に年齢があがっていくといいなと思っています。

――千五郎さんは、「笑えない会」というのをされていますが。

千五郎　「笑えない会」というのは、落語の桂よね吉さんと20年くらい前に一緒にやりたいな、という話になってできた会です。狂言を見に来たお客さん、落語を見に来たお客さんにも、互いの芸能を楽しんでいただく会です。僕自身も落語が好きなので半分趣味ですね。狂言や落語は笑いのお芝居ではあるけれど、中には笑いの多くないもの、謡や和歌を使っているものもあります。それも含めて狂言です。

祖父は笑いのない狂言はしなくていいという人でしたが、よく見ると、なかに笑いがありました

2017・2C18年　笑えない会

ね。35歳で始めた会ですが、年齢技量的にまだ難しいものにも挑戦しますので、「お前、それ笑えないわ」という挑戦のある、自分にとってもちょっと背伸びをした会です。そういう曲は自分でやっていかないとできるようにならないんですよね。最近上演回数が少ない、出ないという曲もしていきたいです。

――茂山千五郎家の狂言の曲は、どのくらいの数あるのですか?

逸平　一八〇はあります。

千五郎　面白いか面白くないかという基準で、上演するかしないか決めています。

逸平　座頭（目が悪い人）を主人公にした狂言がたくさんあるんですね。時代にそぐわない狂言はしにくくなっていますよね。

――そういうのもやっていきたいと思われているのですね?

逸平　それもしないと絶えていくというのはあります。

千五郎　知らずにやらないのと、知っていてやらないのは大きな違いがあります。知るためにもやらなくてはならないです。それは市民狂言会などではできません。自分たちで責任を取れる会でやっていくしかないですね。

――茂さんは、これからどんなことをされたいと思っていますか?

茂　これからも狂言師しかないと思います。毎日の舞台を一生懸命やって、ちょっとでも上手になれたらいいかな、と。どこかで何かのタイミングで花開くかもしれないし、開かないかもしれないし、それも自分の人生です。

息子が狂言したいと言ったときに、では頑張ってやってみるか、と言ってあげられるような地盤は最低限蓄えていきたいです。この中では、僕は、わりと保守なんです。基本的な考え方のベクトルが保守。リベラルが嫌いということではないんです。みなさんのリベラルも認めるし、ぼくの保守も認めてくださいねというスタンスです。

何か新しいことへという意欲は一番少ないかもしれませんが、古典の狂言をどう表現するかということは、割とまじめに考えてやっています。

息子は今年小学2年生です。将来狂言をやらないという選択をするかもしれない、それは子どもたちの自由です。

でも、誰か一人はやってくれないと困ります。兄・千五郎の子どもたちが狂言をやらないという選択肢を選べば、僕が子どもにやりなさい、ということになると思う。千五郎のところは、子どもが三人いるから、一番上からプレッシャーがかかっていくことになりますね。

千五郎　やりなさい、とはしないです。ただ、やらないという選択肢をどんどん消していく（笑）。やらないと言わさないように、うまいこと持っていきます。

一同　爆笑

――宗彦さんは、これからどんなことをされたいと思っていますか？

宗彦　僕は、もう一昨年くらいで夢を全部かなえたので、人生勝ったかな（笑）。

小学校の文集に書いた夢を全部かなえたんですよ。テレビに出て、映画に出て、世界の都市に住んで。亡くなった祖父が「お前も狂言がうまくなったら、この表札を飾れるような家に住める」と言って、表札を書いてくれたんです。狂言はそんなにうまくならなかったけれど、表札のある家には住めました。

穏やかに過ごして狂言をするには、この5人の関係性が大切です。僕、この人たちのファンなんです。お金払って、チケット買って、この人たちの狂言を前から見るんですよ。千五郎、逸平、千之丞、茂、その真ん中の立場にいられるのが好きなんです。

――みなさんのこと、大事なんですね。

宗彦　大事なんです！　この人たちの大ファンなんです。一度、西宮の芸術センターで狂言をしたとき、泣きそうになりました。久しぶりにミュージカル出たんですけれど、帰ってきたときに感動して泣いたんですね。

僕ら5人がしていることは最先端と思われているけれど、昔の狂言師がやってきたことなんですよね。新作として『棒縛り』ができた時、もしちょっとだけ頭がいい人がいたら、「こんな棒で手を広げて縛るんやったら、ほどいたらええやんけ」と言ったと思うんです。それを言わないで、集まっている狂言師がみなでやろうとなったんだから、みなあほやったんだろうな、と思います(笑)。それを今やっているのが僕らです。

――海外にも住まれたんですね。

宗彦　チェコにも住みました。海外の日本びいきの人は日本のことよく知っていて、狂言の見方も上手です。そうすると、自分も丁寧に教えないといけませんから、勉強しようということになります。

――海外というと、千之丞さんはバイリンガル狂言をなさいますね。

千之丞　はい、バイリンガル狂言は父が始めました。

2012年　HANAGATA

——千之丞さんは、ご自身で作・演出をなさるプロジェクト、コント「ヒャクマンベン」と、新作狂言「マリコウジ」をされていますね。これからしていきたいと思っていることは、どんなことですか？

千之丞　なんかこう、笑いというものの中に溶けて無くなっていきたいです。うまくなるとか、どんな舞台にしたいということには、もうあまり関心がないんです。

一生手が届かないかもしれないけれど、蒸留された純度の高い99・9パーセントの笑いしかないものに近づきたい。自分がなくなって、大きな笑いという概念の中に溶けていかれたらいいなあと思います。

——自我がなくなって、自分も笑いの中に溶けていくということですか？

千之丞　お金持ちになりたいとか売れたいとか、そういうのはもういいですね。面白いということがどういうことなのか、もうちょっと知りたい。笑える作品は誰でも書けるんですよ。マニュアルに沿って書けばいい。茂山千五郎家なら、単体で笑わせられる役者がそろっているので、何やっても面白い。それはそれでいいけれど、作品を作っていく人間として、そういう型を大量生産して死んでいくのも嫌だな、と思うんです。

僕たち5人もいなくなって、僕の台本もなくなって、それでも残る「笑い」って、どこにあるんだろう、そういう概念みたいなものが知りたいなあ、と思います。テーマのある笑いとか、興味がないんです。笑いそのものに関心があります。

——逸平さんがこれからやっていきたいことはどんなことですか？

逸平　逸青会は、昨年10周年で上演した『鏡の松』

を超える作品を書かないと、ということですね。40歳になったので、もう狂言だけしていたいなあと思います。狂言だけして幸せそうだった祖父（千作）がうらやましくて仕方ない。

狂言だけしていられる老後はどうしたらできるのかなと考えています。

狂言と次世代の未来

――これからの狂言の10年について、どう考えておられますか？

茂　まずは狂言を知ってもらう、とりあえず見てもらうという入り口になる催しを続けて、新規のお客さんを増やしていかないといけませんね。同時に、既存のお客さんにも満足していただける狂言をするという両輪です。今年5月には、京都の室町小学校の体育館で学校狂言を再現します。

逸平　狂言だけが流行りだすと、多分だめなんですよね。良き時代は薪能や能も流行った。自治体や企業にお金があったということです。僕たちだけでできることとそうでないことを見極めないといけないのでしょうね。着物が売れないと、僕たちが使う衣装がどんどん高くなっていく。時代と経済、芸能は関連し合っています。

――和の文化を底上げしていくということですね。

逸平　残念ながらそこが惨敗しているところなので、そこをうまく回してくれる人が必要ですね。コラボしだすと間違ったものが流行りだす。王道のものがちゃんと流行らないといけませんね。千之丞が言った、お弟子さん、お社中さんに教えるのも大事です。

良き時代は、稽古場はおっさん臭かった。「糸へん」、つまり染色、室町の旦那衆が元気だったんですね。だから、お稽古場に来る素人のお弟子さんがおっさんばかりだったんです。今は、男性が夜

『鏡の松』 2018年 逸青会

の7時にここにきて稽古するということもできないですしね。

茂　働き方改革で、習い事、稽古もできるようになるんですかね。

――子どもたちの時代はどういう人たちがお客さんになるかわからないですね。

逸平　わからないから、子どもたちにちゃんと言えるようにならないといけないですよね、おっさんに優しくしなさい、と。子どもたちの経験としてテレビに出るのもいいと思います。楽屋で知らないおっさんにいっぱい怒られるのは素晴らしいことですから。

千之丞　それぞれやっていることが異なって、統一しないというのが茂山千五郎家です。お稽古場を持っていて、それぞれ違う理由があって教えている。テレビに出るとか、新しいものを見せるとか、素人さんに教えるとか、違う考えで正反対のことを言う大人がいる家の中で育つという環境に子どもたちがいるわけです。うちのお父さんとほかのおじさんが言うことがいつも反対だ、ということが起こる。でもよくよく見ると、この人はそれで正しいけれど、うちのお父さんもそれで正しい。

矛盾している状態で受け入れる。だから成熟するのが早い家だと思いますよ。子どもが成長するには一番必要な環境です。ぼくらの上の世代もそうでした。それはどっちも正解なんです。だから、今までと何かを変えてという感じではなくて、このままやっていくのがいいですよね。意見がみんな違う、それで仲良くやっていこう、ということは共通している。

次の世代には食べられる種を、実利的なものを残していかないといけないですね。そのためにも、僕はジョーカーでいたい。うまくいっているときは要らないけれど、何かにぶつかってちょっと迂回しなくてはいけないときに教えてあげられる人になりたい。そのためにいろんなところに顔を出しておく。次の世代が困ったら、こんなことをしてみたら、こんなことはしなくてもいいよとか、黙って仕事をパスしてあげるとか。子どもたちが自分で食えるようになるまでは、家で食わしていかないといけないですからね。

千五郎　子どもたちには確たる狂言をちゃんと教えていかなくては、と思っています。でも、それだけでは次世代も面白くないと思うんですよ。どこかで面白い狂言にシフトしていかないといけない。狂言は20歳くらいまでは教えられた通りしかさせてもらえない。成長していくにしたがって、自分とお客さんの感性に合わせて個性が出てくる。子どもたちが、自分たちが主流になったときの時代の流れの中でやっていかないといけない時が来ます。

古典の芸能と、現代の時間の流れが、どんどんずれていっていますから、子どもたちの時代の方が大変だとも思うんです。時代が進めば進むほど、その距離や層が乖離していくと思います。

――舞台や映画を見る経験自体が減っているので、子どもたちに、舞台を観るという文化そのものを育みたいですね。今日はありがとうございました。

【其の三】

子ども狂言師　慶和《よしかず》誕生

狂言師の家族

狂言師の家に生まれるのは75億人の世界人口分の5人くらいの確率です。そこに生まれた日常はどんなものか、少しお話したいと思います。

僕の父（七五三《しめ》）は平成の初めまで、ウィークデーは銀行に勤めていました。狂言師だけで家族を養っていくのは、まだ難しい時代です。僕たちは、普段は京都の伏見で一般のサラリーマン家庭と同様の暮らしをし、週末になると京都御所東の稽古場に通っていました。稽古場は、鴨川と御所に近い京都の静かな住宅地の路地です。

1970年代は、茂山家は稽古場のあるこの御所東に親類12人の大家族で住んでいました。僕は、3歳のころから曾祖父（三世茂山千作）や祖父（四世茂山千作）、父に狂言の稽古をつけてもらい、4歳で初舞台『業平餅《なりひらもち》』を踏みました。

小3のとき、映画『将軍家光の乱心 激突』で、緒形拳《おがたけん》さんと共演させていただいたことがあります。子どものころは、公演や映画で学校を休めてラッキー、と思っていました。

僕が子どものころの1980年代は、狂言はまだ世間にそれほど認知されていませんでした。「何の理由かようわからんけど、病気でもないのに、逸平君は時々学校休むなあ。いいなあ。」と思われていたでしょうね。

大学生のころには、兄・宗彦《もとひこ》や従兄弟（千五郎、茂、千之丞《せんのじょう》）とともに、「花形狂言少年隊」を旗揚げして、狂言小劇場の公演もしました。以来、僕たちは、狂言を海外に積極的に発信するという活動もしています。

慶和誕生と鯖寿司《さばずし》

僕の最初の子、慶和《よしかず》は2009年の1月に生まれました。

そのころ僕は、東京渋谷のパルコで立川志《し》の輔《すけ》さんの落語のお手伝いをしていました。

「そろそろ産まれる」と義母から電話があり、帰ると妻が陣痛で36時間もうなっていたんです。東京から京都に戻り、慌てて分娩室に行ったところ、連れ合いから「でていって！」と言われました。

僕が呼ばれたときは、赤ちゃんは産湯を使ったあとで、叔父のあきらの妻が用意してくれたウコン染めの黄色い肌着を着せられていました。ウコン染めは、黄疸《おうだん》を出にくくすると言われていたのです。父と母は、産まれたばかりの子を見て「狂言できるわー」と、半分泣いて喜んでいました。

40時間近い陣痛で産まれてきた子と妻は、本当に大変だったと思います。で、僕は何をしたか。父親も役に立たないといけません。僕は願懸けに好物を断つようにしています。だから、子どもができたと聞いたときから好物の鯖寿司を断ちました。

子が無事生まれたので、早速鯖寿司を食べました。そしてまた、子どもの初舞台まで4年間、鯖寿司を断ったんです。

京都では祭りになれば鯖寿司を食べます。地元伏見の御香宮《ごこうぐう》の10月の神幸祭や、東山の八坂神社の祇園《ぎおん》祭は、僕にとっては鯖寿司祭りみたいなものです。祭りで人が集まると、お客さんに出すのは今でも鯖寿司です。

京都は内陸なので、海からの新鮮な魚介類が入りにくかった歴史があります。若狭湾から京都までは70キロメートルほどありますから、行商人が歩き続けて、鯖街道で京の都に塩漬けした鯖を運ぶころには、ちょうどよく発酵します。この塩鯖を使って作ったのが鯖寿司です。

海が近く、新鮮な魚で握られたのが江戸前寿司。京都で寿司といえば熟れ寿司、鯖寿司が有名なのには、そんな理由があります。京都の三大祭（葵祭、祇園祭、時代祭）には、家庭でも鯖寿司を作ったものです。

そんなふうに日常に親しんだ鯖寿司を断ったのですから、父親としては自分なりに頑張ったと思っています。

慶和の名付けは晴明神社

僕は子を「かず」と呼びたかったんです。和らいの「和」です。

だから、和という字を使った名づけを、陰陽師《おんみょうじ》安倍晴明《あべのせいめい》を祀《まつ》る晴明神社にお願いしました。「慶び」に「和らい」で慶和。いい名前です。

狂言師の家に生まれてほかの子の環境と違うところがあるとすれば、おばあちゃんに手ぬぐいで作ってもらった袴《はかま》を着たり、棒縛りごっこをして遊んだというようなことでしょうか。

慶和は本を読むのが好きです。小さいころから、絵本をよく読んであげました。今は、ことわざ辞典や物語をよく読んでいます。日本語が好きなのかもしれません。

慶和初舞台『以呂波《いろは》』

慶和は4歳の夏に、『以呂波』で初舞台を踏みました。そのために半年練習を重ねました。『以呂波』では、父が、子どもに「いろはにほへとちりぬるをわか」と手習いを教えます。父は、自分の言う通り口真似をしろと子に命じ、子は父が叱る言葉までそっくり言い返します。ついに父が怒って子を引き倒すと、子も同様に父を引き倒し立ち去ります。

『以呂波』 2013年　狂言季期

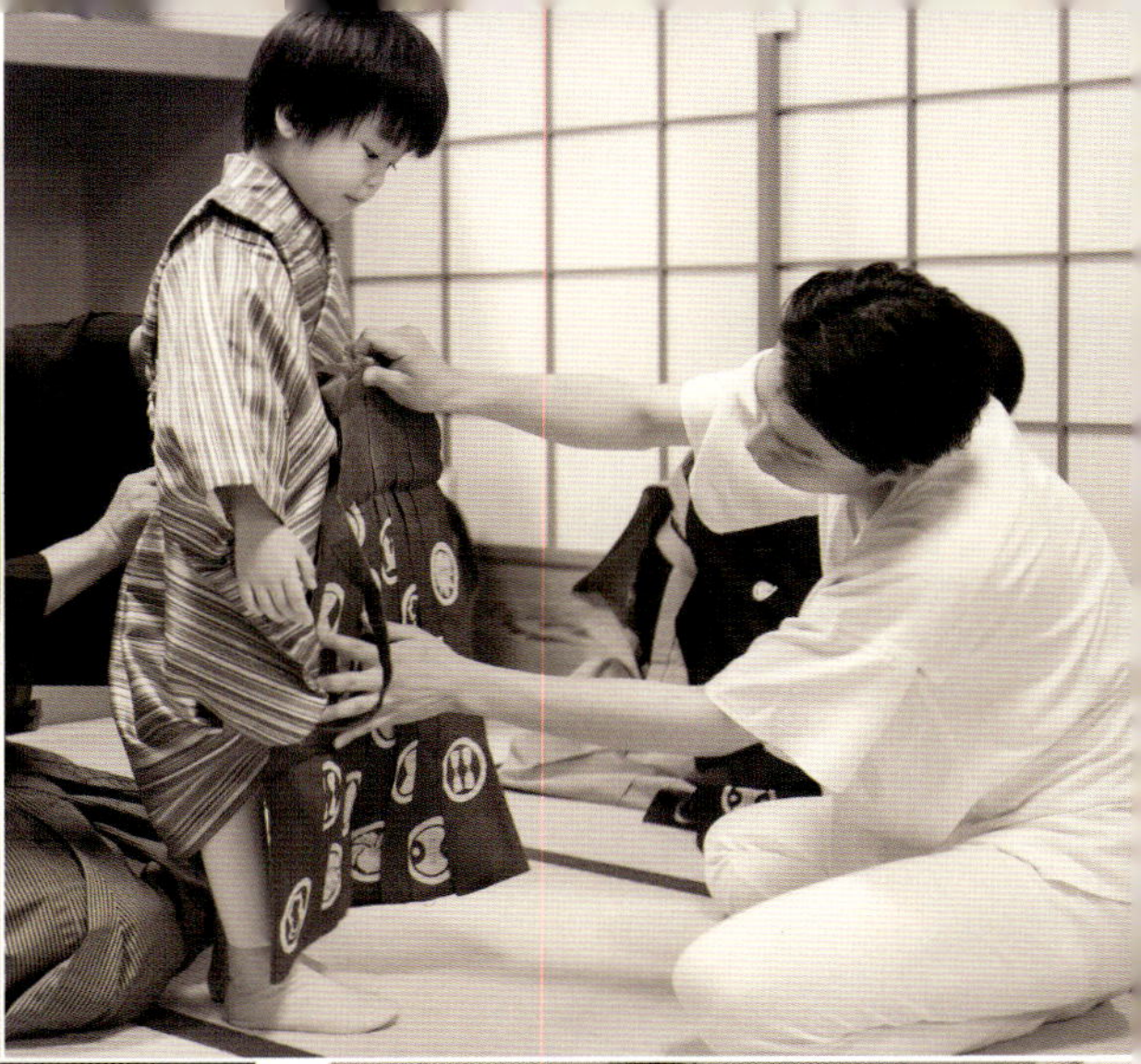

『以呂波』「親」七五三、「子」慶和　2013年　狂言季期

茂山家では、代々祖父が孫に狂言の稽古をつけます。慶和は、この初舞台を祖父の七五三《しめ》と演じました。祖父と孫との普段の稽古の様子も垣間見られる、ほのぼのと心あたたまる舞台です。口伝で伝えられていく先代の芸が、孫に継承され、初舞台を踏む。新世代の狂言師・茂山慶和が誕生した瞬間です。

初舞台の前の年、父は癌《がん》で、放射線治療や抗がん剤治療をし、手術もしていました。慶和と一緒に初舞台が踏めるかどうか、様子を見ながら過ごした時期です。父は治療で頭の毛が抜けていて、かつらをかぶっていました。慶和は「じいじ、頭へん！」といち早く気づいて、家族で大笑いしました。

初舞台の直前には、僕の祖父の千作も亡くなりました。千作は慶和の初舞台を見ることができなかったんです。家族的にはとても大変な時期でしたね。でも、そんな中でも、「和らい」があるのが茂山家です。ここは笑うとこ、という雰囲気がいつもある。

実際の初舞台では、慶和は「みんながみんな自分を見にきてはる」ということがわかって上機嫌でした。お客さんからも家族からもご褒美《ほうび》をもらい、しばらくおもちゃお菓子天国でした。初舞台を踏んでもう少し経つと、ご褒美がもらえなくなって、お小言がもらえるようになります。

慶和、義経の生まれ変わりなり

僕は子どものころ、義経になりたかったんです。武士としての奇想天外な強さも魅力的です。義経は大概かっこいい感じで描かれています。

義経は小兵で、弁慶は背が高かったのですが、身長差を極立たせるために義経は子どもが演じることが多いのです。

慶和に義経を好きになってもらいたくて、僕は絵本や兜《かぶと》グッズ・武士グッズを家に置いておきました。そうしたら、慶和はまんまと義経が好きになりました。

慶和は、自分は義経の生まれ変わりだ、と言うようになりました。慶和は色々な物語を読みます。お釈迦《しゃか》様の話、法然上人《ほうねんしょうにん》の話、キリスト教の聖書などにも触れているので、「生まれ変わる」という感覚がわかるのでしょうね。

義経が登場するのは能の演目です。僕たち狂言師は、謡《うたい》やお囃子など、能楽師としての稽古を幼いうちからつけてもらいます。義経への共感が能への入り口になると考えました。

能、狂言は、舞台装置がシンプルですから、言葉と身体が勝負の舞台です。生活の中で使われてきた言葉が伴う体験への想像力、登場する人物の感情、人々が触れあう中で生まれる日常のドラマ。

昔のおっちゃんは、どんな気持ちだったのだろう。夫に浮気された「わわしい妻」は、どんなふうに怒ったんだろう。昔の子どもは、どんなふうに大人をおちょくったんだろう。

僕たちは、狂言を演じることで、昔の人を生き直し、現代に再現します。

狂言の台本に、いのちを吹き込むのは、狂言方の言葉と声と身体です。だから、慶和が興味を持って読む本も、すべて狂言方の背筋や間、言葉と身体になることでしょう。

能『安宅』「義経」 2016年

I am
not

源義経

能『安宅』「義経」 2019年

【其の四】猿からはじまる

猿の面は痛くてかゆい

狂言は「猿に始まり、狐に終わる」が修業の道です。『靭猿《うつぼざる》』の猿の役をし、狂言を学び、『釣狐《つりぎつね》』まで演じることができるようになれば、一人前の狂言師です。

まずは、『靭猿』のあらすじをご紹介しましょう。

ある日太郎冠者を連れて狩りに出た大名が、猿曳《さるひ》きの男に出くわします。大名は猿曳きの連れている猿を見て、自分の弓矢を入れた靭に、その猿の皮を張りたいから、猿をよこせ、と横暴な要求をして猿曳きを弓矢で脅します。

猿曳きが猿を杖で殺そうとすると、猿はその鞭杖《むちづえ》を取って舟の櫓《ろ》をこぐ芸をはじめるのです。猿曳きは、猿の可愛らしさといじらしさに、「えーん、えーん」と泣きだしてしまいます。

大名も心を改め、猿の命を助けることにします。猿曳きは、お礼に猿を舞わせて芸を見せます。大名も猿と共に舞い踊り、めでたしめでたし。

こんなお話です。

『靭猿』 2014年　写真提供©川西善樹

慶和が『靭猿』を演じたのは、初舞台『以呂波《いろは》』から一年後の5歳の時でした。猿のしぐさや舞の可愛さが、演目の良し悪しを決めてしまう大切な役です。猿の面は木でできているので、顔にはめていると、窮屈で痛くなる。ずっと面をしていると蒸れてかゆくなる。着ぐるみは、すべて縫い付けてあって空気の通るところがない。演目自体が40分以上と長めで、猿が舞い踊る見せ場の時間が大変長い。子どもにとってはちょっとした試練です。

舞の後半になると、猿の足元が揺らいだり、疲れてきている様子が伝わってきます。能楽師としての足腰、身体を鍛え、安定した舞ができるようになるのも、これからの訓練です。悪人として登場する大名は父の七五三《しめ》、猿は慶和が演じました。僕は猿曳き、大名の家臣は宗彦です。親兄弟三代で演じているわけですから、互いの息遣い、感情、しんどさは、以心伝心で伝わってきます。

『靭猿』の見どころ

大名の横暴で無理な要求に対して、身分の低い猿曳きは、幼き頃より教え育てた猿への愛情と、猿曳きとしての矜持《きょうじ》で、大名に対して引かず、怒り、抵抗します。特別な学問を持たなかった庶民が筋を通そうとする姿には、思わず声援を送りたくなります。大名も、自分の思い通りにならない「猿曳きごとき」に腹を立て、猿もろとも矢で射殺そうとします。

猿曳きは、猿が苦しまないように鞭杖で自ら猿を殺すことを決心し、猿を抱くようにして語りかけます。

「汝《なんじ》、畜生《ちくしょう》なれど、今御供の言うことを、よー聞けよ。そちは子猿のうちより飼い育て、色々と芸能を教え、今は汝がかげで、妻子とも楽々と身命《しんみょう》を育むところに某《それがし》の運こそ尽きたれ。今日という今日、今という今、あれ、あれにござるお大名にて遭《お》うたればな、そちが皮を貸せ、靭《うつぼ》にかけたいとのことじゃ。だんだんとおわい口をもってお詫びを申し上げたれど、きき入れぬにおいては、某《なにがし》もろとも射てとらせられようとのことじゃ。恥ずかしながら背に腹はかえられいで、今汝を討《う》つほどにな。必ず必ず、草場の陰からも、某を恨み飛ばして思うてくれるな。猿《まし》よ！　今が最期じゃ。今討つぞ！　えい！」

いざ猿曳きが猿を討とうとしたときに、猿はその鞭杖を取って、舟の櫓を押すま

『靭猿』「大名」七五三、「猿曳き」逸平、「猿」慶和　2014年　写真提供©川西善樹

ねをはじめるのです。猿曳きは、感極まって泣きだしてしまいます。

この緊張感、緩急、一番の見せどころです。なぜ泣くのかと大名に問われた猿曳きは、大名の家臣に答えます。

「あの猿は、子猿のうちより飼い育て、今では舟の櫓を押すまねを教えてござれば、畜生のかなしさは、今、己の命を討つる杖とも知らず、討つ杖を取って、舟漕ぐ真似をせよと心得、舟漕ぐまねを致しまする。あの体を見ては、たとえ猿曳きもろとも射てとらせられようとあっても、猿において討つことはならぬと仰せられ、ならぬと仰せられー、えーへへへへ」

畜生＝けだものの猿は、自分の命を主人に取られるとはわからず、いつも芸を教えられている鞭杖をむけられたので、舟の櫓を押す芸をするのだと思い、可愛らしく舟の櫓を漕ぎ始めたというのです。このことを承知した大名も、「さてもさても、哀れなことじゃ」「猿の命を助けねばならない」となり、猿の命を助けることになります。

悪者として登場した大名は、猿に哀れを感じる心を持ち、猿の命を助け、もともと自分が猿の皮を欲した行為が引き起こした事件だったことを忘れて、「ええことしたな」と、猿と共に舞い踊ります。猿も、踊りながら時々大名をひっかくような仕草をします。全く愚かな大名ですが、大名の人間像には、完全な悪人も善人もない人間の姿の真実が描かれています。また、猿曳きの機転や抵抗には手立てなく権力と向き合ってきた庶民の姿が表れています。

狂言は人間讃歌です。人間味あふれるあたたかく愚かな人間そのものを全力で肯定していきたい。僕はそんな風に思います。

泣くことと笑うこと

『靭猿』で大名役をした父・七五三は、その頃、癌《がん》の治療中でした。大名を演じながら、父は演技のタイミング的には2、3分早く泣きだしました。演技ではなく、舞い踊る猿の慶和を見て、本気で泣いてしまったんです。父が癌の治療中ということも知っていたお客さんが感動されている様子が伝わってきました。父の気持ちを察してくださったのでしょう。僕たち茂山家を応援するような気持ちで来てくださっているお客さんたちもあり、本当にありがたいと思っています。

ところが、家族はあとで大爆笑です。「そこで泣くか！」「早い！」と、家族が大爆笑するくらい父は涙もろいのです。お猿役の慶和も公演中に父が泣いていることに気づいていました。感情の発露としては、泣くことと笑うことは実は近いのではないかな、と思います。狂言を見に来てくださるお客さんも、ときにじんと涙ぐんでいただいたり、愉快にほっこりと笑ってもらえたらと思っています。

稽古とご褒美

慶和の普段の生活は妻が世話をし、僕と父が慶和に稽古《けいこ》をつけるという役割分担をしています。僕は公演中でも、フランスにいても、スカイプや電話で慶和の稽古をします。それに引きかえ、父のお稽古と慶和への接し方は甘いのです。慶和は父の稽古の時は泣かないけれど、僕の時は泣いていないふりをして泣きます。

父があまりに慶和に甘いので、妻が「もう少し厳しくしてほしい」と頼んだことがありました。そうしたら返ってきた答えが、「厳しくしたらカズがお泊りしない言うねん。」

お稽古の週末は慶和は父の家に泊まるんですが、父はそれを楽しみにしているのです。

稽古が終わると、京都伏見の大黒ラーメンが慶和のご褒美です。最近は慶和も狂言師としては体重がオーバーしてきたので、ラーメンは週2回まで、ということにしています。狂言師は動けないといけないので、体重管理も大切な仕事です。

茂山千五郎家に代々伝わる猿の面

【其の五】子どもの反逆

逸平さんの息子の慶和君は、２００９年生まれ。
インタビュー収録時の２０１８年12月22日は9歳の子ども狂言師さんです。
（聞き手・構成　中村純）

――狂言の『居杭《いぐい》』はどんな作品ですか？　同い年のお友達にもわかるように教えてください。

慶和　お金持ちのお侍のおじさんがいて、そのおじさんに気に入られている居杭という6、7歳くらいの男の子が登場人物です。おじさんがかわいがって頭を叩いてくるのが、居杭は痛くて嫌なんですね。それで、観音様にお願いをしたところ、かぶると姿を消せる頭巾を出してくれたんです。

――京都の清水寺の観音様にお願いしたんですよね。そうしたら、透明人間になれる頭巾を出してくれたということですね。

慶和　そうです。おじさんは、陰陽師《おんみょうじ》を雇って見えなくなった居杭を探そうとするのですが、居杭は居場所をあちらこちらに変えて、見つからないようにします。
居杭には、おじさんと陰陽師を喧嘩《けんか》させてみようというういたずら心がわいて、自分は透明人間のまま、ふたりの耳をひっぱったり、ふたりの肩を扇子で叩いてみたりいたずらをします。ふたりは、相手がいたずらをしたのだと思って、喧嘩をはじめます。ふたりがヒートアップしたころ、そろそろいいかなと、居杭は頭巾を脱いで姿を現わして、「ゆるさせられ、ゆるさせられ」と逃げていって終わりです。

——やるまいぞ、やるまいぞ、と追いかけられて退場ですね。

慶和　そうです。

——居杭は、慶和君のお気に入りの作品ですね。初めて演じたのはいつですか？

慶和　居杭は、去年の12月23日、じいじ（茂山七五三さん）の古稀《こき》祝賀狂言会で初めて演じました。

——おじいさんが陰陽師の算置で、茂山宗彦さんがおじさんの何某《なにがし》でしたね。好きな場面はどこですか？

慶和　いたずらするところです。透明になれる頭巾が本当にあったらいいな、とも思います。この頭巾は、ドラえもんの秘密道具に例えたら石ころ帽子みたいなものです。その帽子をかぶると、人からは道端のただの石に見えるようになるんです。

——この頭巾は、子どもたちの夢でもありますね。本当にあったらどうしますか？

慶和　宿題が大変なときに、頭巾をかぶって消えます。国語、理科、社会はいいのですが、算数が大変です。冬休みの宿題、無理です！　この頭巾が本当にあったら、隠れたいと思います。

——『居杭』を演じるときに、大変だったことはありますか？

慶和　前半、居杭がおじさんの家に行って帽子を試してみようとしているところが、一番台詞が多くて大変でした。

——慶和君が一番好きな作品は何ですか？

慶和　『船弁慶《ふなべんけい》』です。船弁慶の義経がかっこいいで

『居杭』 2017年　七五三古稀祝賀

『居杭』「陰陽師」七五三、「居杭」慶和、「何某」宗彦　2017年　七五三古稀祝賀

す。もし、日本で一番尊敬する人のランキング番組に出られたら、絶対義経だと言います。義経はものおじしないんです。ピンチに追い込まれてもそこから逃げようとせずあきらめない。そこが大好きです。

――慶和君は、心に義経を抱いているんですね……。小さい時、義経の兜《かぶと》や鎧《よろい》をつくって着てみたり、お習字の手習いに「源義経」と書いて、源慶和と名前を書いていましたね。

慶和　3年生のとき、義経の剣のおもちゃと軍配も買ってもらいました。今もずっと義経が好きです。

――学校と稽古の両立はどうしているのですか？

慶和　学校の宿題が毎日たくさん出ます。時間があいているときに宿題をバリバリやります。稽古は毎日ですから、勉強と稽古の比率は、1対5くらいです。

――学校でも色々な活躍をしているお友達はいるとは思いますが、慶和君は子方の狂言師であることを、自分ではどう思っているのですか？

慶和　自覚しています（笑）。学校で、狂言の台詞《せりふ》を言ってみることもあります。
　これからも、狂言師として真っ直ぐ、ピンといくしかないと決意しています。何より稽古ですね。

――かっこいいですね。狂言師の先輩としてのお父さんの逸平さん、おじいさんの七五三さんのすごいところ、こんなふうになりたいところ、好きなところはありますか？

慶和　じいじの好きなところはおもちゃを買ってくれるところです！

――笑。おじいさんの役者として好きなところは？

慶和　稽古のとき、優しいところです。

——お父さんの好きなところは？

慶和　大黒ラーメン（京都伏見にある）に連れて行ってくれるところです！　ラーメンといったら、大黒ラーメンの右に出るものはないですから。

——お父さんの方が、おじいさんより怖いと聞いていますが……。

慶和　怒ると悪魔のように怖いです。デビルになります。同級生が、もしこのデビルで怒られたら、ビビると思います。稽古でとても怒られます。

——最近の子どもは怒られることが少ないので、いい経験していますね。これからも鍛えられてください。

『居杭』について

子役から大人へ移行するときに演ずる機会が最も多い演目です。舞台できちんと名乗りをして道行をする。舞台上のポジション等の基礎知識も身につける。最初は台詞があり、中盤から見えない存在で台詞がなくなりますが、物語には参加しているので気は抜けない。子どもから大人になる時期の声の抑揚や体の癖を修正する――いわば、狂言師の基礎強化教材とも言えます。僕も山ほど『居杭』を演じました。

居杭グッズの帽子は祖父四世千作が晩年『居杭』を演じたときに作ったものです。算木は僕が生まれる前からあります。算木袋は僕が子どものころに着物の端切れで創られたものです。

【其の六】

太郎冠者と狂言的世界

『素袍落』 2017年　逸青会

太郎冠者《たろうかじゃ》って何者？

狂言には、「太郎冠者」という人物がたびたび登場します。たとえば、みなさんが小学校の国語教科書で知っているかもしれない狂言『附子《ぶす》』。主人が猛毒だと言い置いた壺の中の附子は、本当は砂糖だと気づいた家来の太郎冠者と次郎冠者。二人は甘くておいしい壺の中身を食べつくしてしまう。さてどうしたものかと、二人は主人が大事にしている掛け軸を破り、茶碗をガチャーンとぶっ壊し泣き出す。帰宅し驚いた主人が尋ねると、「相撲をとっていたら、ご主人様の大事な掛け軸や茶碗を壊してしまったので、附子を食べて死のうと思ったのだ」と言い放ち、二人は逃げてしまう。

お客さんが、一番自分を投影しやすく共感しやすい立場として登場するのがこの太郎冠者です。お酒で失敗したり、だめよと言われることをしてしまうとか、いつの時代でも変わらない人間の弱いところを投影された人物です。大変人間的で、弱みを持っていて、「こういうやついるよな」「だめだなあ」と人にやさしくなれるような、どこにでもいるような身近な人物です。

狂言では人物が「このあたりに住まいいたす者でござる」と登場します。場所を限定しない、見ている人の身近な場所が舞台設定。「太郎冠者」も同じように、固有名詞ではなく、成人した一番目の召し使いなんです。

『末広《すえひろ》かり』

『末広かり』には、とんちんかんな使用人の太郎冠者が登場します。末広かりとは扇《おうぎ》の別名です。

その名称のごとく、おめでたい場所、結婚式などでも演じられる曲です。

大金持ちの果報者の主人は、ホームパーティーを開くので、客人へのおみやげ用に都で末広かりを買ってくるよう、太郎冠者に命じます。太郎冠者は末広かりが何のことかわからぬまま、「骨があって、先がぱっとひらくもの」という主人の言葉を手がかりに、都に出かけます。

『末広かり』「集報者」逸平、「太郎冠者」三世千之丞
2015年　MUGEN∞能

そこに登場するのが「すっぱ」です。狂言によく登場します。すっぱとは、「詐欺《さぎ》師《し》」という言われ方もしますが、今でいう、どこで作ったかわからないようなものを売っている露天商のような人です。

キョロキョロしている太郎冠者を見つけたすっぱは、「これが末広かりだ」と、古い傘を売りつけます。傘はたしかに「広げれば末広がりになります」。

おまけにすっぱは、太郎冠者に主人の機嫌を直すために傘回しの囃子物《はやしもの》を教えてくれました。

古い傘を持って帰宅した太郎冠者。主人は怒りだしますが、太郎冠者はすっぱに教わったように「傘をさすなる春日山〜」と傘回しの囃子物を披露して踊り出します。主人もいっしょになって楽しく踊ってハッピーエンド。

別のものに勘違いしたことが笑いのもととなる「とりちがえもの」です。太郎冠者は、任務を遂行できなかったけれど、だれも傷つかないで曲は終わります。

古典では都は京都だと思われていますが、狂言では人がたくさん集まるちょっと都会ならいいわけです。

『蝸牛《かぎゅう》』

『蝸牛』も、とりちがえものです。

主人は、祖父に長寿の薬として蝸牛＝カタツムリを獲ってくるよう、太郎冠者に命じます。

「藪《やぶ》に住む、頭が黒い、腰に貝をつけている、角を出す、人間くらいの大きさのものもいる」というのが、主人が伝えたカタツムリの様子です。太郎冠者は今回もカタツムリを知りません。

藪に分け入った太郎冠者。そこで眠っている山伏。腰にほら貝をつけた山伏に「あなたはカタツムリですか？」とたずねると、山伏も「そうや！」ということになり……。

太郎冠者と山伏のところに主人がやって来ます。

「お前、山伏やろ！」と言う主人に対しても、山伏は「カタツムリや」と言い張る。

「雨も風も吹かぬに出なかま打ち割ろう」と、三人は謡い踊り阿呆なまま終わる、という作品です。

物語の主題が長寿のおまじまいの蝸牛なので、ご高齢の方のお祝いなどで演じます。ある意味おめでたい人たちの作品です。山伏を見てカタツムリだと思ってしまう太郎冠者もあれば、カタツムリになりきってしまう山伏もいる。一緒に踊ってしまう主人もいる。

こういう人たちは長生きするんだろうなあ。見ている人もちょっと自信が持てる作品です。

山伏というのは加持祈祷《かじきとう》のプロフェッショナルです。加持祈祷が信じられている時代には、ありがたがられたり、畏《おそ》れられたりしていました。山伏は特権階級でしたから、えらそうにする人もいました。

余談ですが、義経がなぜ山伏になったかというと、関所もフリーパス、全国を移動できるからなんです。

『蝸牛』「山伏」十四世千五郎
2013年

『萩大名《はぎだいみょう》』

『萩大名』の太郎冠者は、地方から京都に来た大名のお世話をするために派遣された期間限定契約社員です。都の作法を知らない地方大名に、都用の専門秘書として仕える太郎冠者と考えてもいいのかもしれません。

ある日大名が、京都の下京に、宮城野の萩の咲く庭を見に行くことになりました。ここの主人が歌好きのために、萩の庭を見たら歌を歌うことになりますよ、と太郎冠者は大名にアドバイスします。萩の名所の宮城野も、歌も知らない。つまり風流には縁のない田舎の大名は、太郎冠者に歌を暗記していくように教えられます。

「七重《ななえ》八重《やえ》九重《ここのえ》とこそ思ひしに十重《とえ》咲き出《いづ》る萩の花かな」

ところが、大名はこの歌を覚えられません。仕方がないのでおつきの太郎冠者が、扇子の骨の数を示しながら「七重八重九重……」、ふくらはぎを示したら「萩」と、ヒントを出すと教えます。庭の風流も大名にはわからず、おかしなコメントばかり。

『萩大名』「大名」逸平、「太郎冠者」島田洋海　2018年　逸青会

太郎冠者が歌詠みの合図しても、合図の意味を忘れています。太郎冠者は、愛想を尽かして大名を置いて先に退出してしまいます。職場放棄ですね。置き去りにされた大名は、庭の主人から下の句をきかれ、「はぎ」ではなく、「太郎冠者のむこうずね」と答えてしまうありさま。

地方の大名が長々在京するというのは、たいがい裁判、領土争いです。中央集権の時代がおわり、藤原氏の荘園制度と守護地頭制度が続き、土地の権利関係がわからなくなっていた時代です。もともといたその土地のリーダーが力を持ち、「うちがこれだけ耕しました、うちは何代続いています」という主張をするようになったんですね。それで公事所、今でいう裁判所に土地の権利を裁定してもらう。それが京都への滞在の理由でした。

当時の特権階級には選民思想があるので、地方を馬鹿にすることがあります。田舎モノの代表として大名が出てきます。こういう歴史を隠さず、わかった上で狂言を演じます。

京都の中でも上京、下京と言う差別があり、上京は非生産地域として公家など「偉い人たち」が住み、下京の生産地域には商人や職人たちが住みました。羅城門から南は「鬼」、ガゴゼと言われました。鬼というのは象徴です。身分的にも京都に入れず恨みを持った人たち、抑圧された人たちのことでした。豆まきにも鬼が出てきます。当時、街中に住んでいない人、妖怪、悪党、強盗など、あやしい人たちをみな鬼と呼んだわけです。つまり、都との関係でものごとを考えていたのですね。中世説話集には、この鬼系の作品が多くみられます。

『聟《もらいむこ》』

『貰聟』は、酔っぱらったＤＶ夫に殴られて追い出されたＤＶ夫依存の妻の話です。妻は子どもを置いたまま実家に戻る。実家の父は「またか」と思うけれど、娘は今度ばかりは夫のもとには戻らないと言います。翌朝酔いがさめた夫が迎えにきて、妻の父親に「酒をやめるので、妻に戻ってきてもらいたい」と懇願します。父親は、「娘はここにいない」とかばいます。

今でもありそうな光景です。この様子を隠れて聞いていた妻は、夫は自分がいないとだめだと思い、制する父親を倒して夫のところに戻ってしまうのです。夫と父

『貰聟』「夫」逸平、「舅」七五三、「妻」三世千之丞　2015年　逸青会

親は、取っ組み合いの喧嘩になり、妻と夫は父親を投げ飛ばして仲睦まじく帰っていく、というお話です。

お父さんからしたら迷惑な話です。父親は「来年から祭りには呼ばぬぞよ」と、最後に絶縁のセリフを叫びます。祭りは親族一同の集いなので、ここに呼ばないというのは、絶縁、村八分という意味なんです。狂言なのでおもしろく見ることができますが、実はなかなかハードな内容でした。

時代が変わっても人間の本質は変わらない。狂言がうつしだして描く人間も変わりません。

『素袍落《すおうおとし》』

『素袍落』は、酔っぱらい讃歌です。

伊勢参りに行くことにした主人が、伯父にも声をかけようと、太郎冠者を遣わせます。伯父から太郎冠者が餞別《せんべつ》をもらってしまうと、伯父の家の家来たちに土産を買わないといけなくなります。主人は太郎冠者に、「自分がお供をすると、伯父さんには言うな」と伝えます。しかし、太郎冠者はうっかり、「自分がお供する」と言ってしまうのです。

伯父さんは太郎冠者に酒を振るまい、餞別に素袍をくれるのです。素袍というのは、今で言えば正装のスーツです。ところが太郎冠者、酒に酔って帰り道で、この素袍を落としてしまう。その素袍を拾ったのは主人でした。

お酒を飲んでしまうとついつい色んなアラが出てしまう名曲です。人間描写が細かい狂言です。

こんなふうに、太郎冠者と周囲の人間模様の世界に引き込まれながら、狂言の世界を楽しんでもらえたらとてもうれしく思います。

『素袍落』「太郎冠者」逸平、「伯父」七五三、「主人」宗彦　2017年　逸青会

『三番三』について

『三番三』（三番叟とも表記する事がありますが大蔵流では三を重ねて書きます。）は、天下泰平、五穀豊穣を祈る曲、能楽『翁』の後半部分です。神事でもあり新年を寿ぐのにふさわしい曲です。扇子や衣装も鶴、亀、松とおめでたい絵柄になっています。

『三番三』は能楽師狂言方にとっての登竜門でもあります。僕たちは狂言師として育ちますが、能楽師として『三番三』を演じることでお囃子を学び、能の中に狂言が存在していることを自覚します。『三番三』は古典芸能の様々なジャンルにもあります。尾上菊之丞さんと初めて共演したのも『三番三』で鈴を渡して貰った時でした。

【其の七】

わわしい女たち

狂言に登場する女たちには、ひとつの型があります。

「わわしい女」は気が強く、口さがないうるさい女たちです。

今回は、狂言に登場する女たちを手がかりに、狂言の世界観に近づいてみます。

『花子《はなご》』

まず、『花子』のあらすじをご紹介します。

ある男が、妻の目を盗んで美濃の国の遊女・花子《はなご》に逢瀬をするために、持仏堂で一晩座禅をすると嘘をつき、座禅衾《ざぜんぶすま》をかぶせた太郎冠者を身代わりにして花子のところへ出かけます。座禅衾の窮屈そうな姿に同情した妻が、座禅衾を脱がすと、出てきたのは太郎冠者！　ことの真相を知った妻は激怒し、自分が座禅衾をかぶり、浮気夫を待ち構えます。

花子との逢瀬に夢見心地で帰ってきた男は、座禅衾をかぶっているのは太郎冠者だと思い、花子との夜ののろけ話を歌い踊りながら語ります。

ところが、座禅衾を取ると出てきたのは、怒り心頭の妻！

『花子』は、能の『班女《はんじょ》』をもとにした作品です。狂言師の中でも特殊な位置づけにある作品で、茂山千五郎家では、極重習《ごくおもならい》に位置付けられています。これは、「猿にはじまり、狐に終わる」という狂言の修業過程のあとにくるものです。猿から狐の修業過程では、役者として色んな我慢を覚えます。演じる我慢、体力的な我慢、肉体的な我慢、表現者としての我慢。そうした修業を経て、狂言師として何を工夫してきたのかを見せるのが『花子』という作品です。

能楽師狂言方として、「おかしみ、わらい」の方向性も問われるわけです。浮気者の男、間の抜けた男を表現しながら、技術的には謡の力量も問われます。『釣狐』からのちの10年を試される大きな位置づけにあるのが、『花子』です。

浮気をするために太郎冠者を使って策略をしたものの、浮気から帰ってきてのろけ話をしている相手が、実は奥さんだったという、身の毛のよだつ状況です。でも、『花子』に登場する奥さんは、夫が大好きで大好きで仕方ないんです。でも、夫は花子に逢うために、何とかしてその奥さんのもとを離れたい。しかも奥さんは浮気話を延々と夫から聞かされるわけです。浮気を謡と舞で表すくだらなさ。とてもくだ

『花子』「妻」十四世千五郎、「夫」逸平　2018年　MUGEN∞能

『花子』 2018年　MUGEN∞能

らないことを全力でする。これが狂言です。

江戸時代は、女性が一段下に見られていた時代です。女性の側は三行半を渡されたら、回避権もなく離縁されてしまうのです。弱者をいじめたところで面白くないので、男中心の社会で弱者と思われがちな女性を強くする、というのが狂言の典型的な作り方です。「権力を笑う」という構造に狂言のおかしみがあります。

狂言の描き方はわらいとおかしみなので、ただ強いだけでなく怖い、口うるさい。でも、狂言に登場する奥さんたちは、ずっと怖いわけではないんです。

怖い場面を作り出しているのは、だめな亭主です。

芯の強い女性が至極いちずに旦那さんを想っているというデフォルメが、狂言の中での「わわしい女」たちになる。だから、追い込んでくるくらいに旦那さんのお尻を叩く。自分のためではなくて、家のためにもしっかりしなさいよ、という「しっかり者」の女性なんです。「かかあ殿下」という概念は江戸時代にもあって、こういう作り方がおもしろいと思われていたのだと思います。

わわしい、口うるさいだけではなく、旦那さんのことが大好きで大事。その愛情の表現があまりにも強くでてくるので、うるさい。愛しすぎた人ですね。重たくな

『石神』「女房」逸平、「亭主」七五三　2016年

って逃げてしまう夫がでてくるけれど、最後は夫の側は別れたくないわけです。そんな狂言を少し紹介しましましょう。

『石神《いしがみ》』

稼がない、家に帰ってこないグータラな亭主に、とうとう我慢がならなくなった女房が、仲人に離婚を告げます。実はこの石神、女房と別れたくない亭主が化けたもの。石神は女房に、懸命に離婚を諦めさせようとします。最後に正体が見破られるのは、狂言のいつものオチです。

『石神』に出てくる奥さんも、夫のことがとても好き。でも夫にもう我慢ができない。この作品では、珍しいくらいに奥さんが怖くなくて、最後の一瞬だけわわしい女になります。離婚をする理由は全部旦那さんが悪い。

出雲路《いづもじ》の夜叉《やしゃ》神に行って、石神に訊くよう……

出雲路の夜叉神は、現在も京都御所の鬼門（北東）にある、道祖神を祀る出雲路幸《さいの》神社《かみのやしろ》です。今後の道行きを占うという意味で、登場したのでしょう。

『鎌腹』「妻」逸平　2016年

『鎌腹《かまばら》』

夫の尻を叩く女の代表作品です。舞台に転がり出る太郎冠者と、鎌をもって追いかけてくる妻という特殊な始まり方をします。普通の狂言は、まずは名乗りから始まります。

この太郎冠者が一番ダメなんじゃないのかな。何もしていないわけですね。当時も稼がない、家に帰らない、という夫はいました。飲みに行っているのか、浮気をしているのか、とにかく帰ってこないんです。

『鎌腹』の妻が、女の中では一番勢いがあります。

「あの男は何の役にも立たないので、この鎌でうちころいてわらわも死んでのきしょう。」グータラの亭主と一緒に死んだら、もう怒らなくていいだろう、これ以上怒りたくないから一緒に死のうというほど、亭主のことが好きなんです。

愛しすぎた女を美しくすると心中になるのですが、狂言だからこんなふうになります。

『濯《すす》ぎ川《がわ》』

フランスの古典喜劇《ファルス》の『洗濯桶』の翻案です。文学座の公演のために飯沢匡《ただす》先生が書きおろした作品です。

嫁と姑に虐げられている婿養子の夫が、レジスタンス（抵抗）をするお話です。川で洗濯をしていた夫に嫁と姑が次々に家事を命じるので、夫は仕事をすべて紙に書きだしてもらう約束をします。夫は女房の小袖を川に捨てて、小袖を取ろうとした女房が川にはまって助けを求めても、書いていない仕事なのでしないというのです。

フランスのお話を狂言にあてはめたので、女の人の立ち位置がほかの狂言とは違います。それだけに作り方が特殊です。コント的な創り方をした新作の狂言で、初演は１９５２（昭和27）年です。学校狂言でもします。女子校で演じて、「こういう女性にはならないように」とオチをつけます。

狂言の中の愛すべき魅力的な女性たちを、是非舞台に見にいらしてください。

【其の八】

狂言師の難関『釣狐《つりぎつね》』

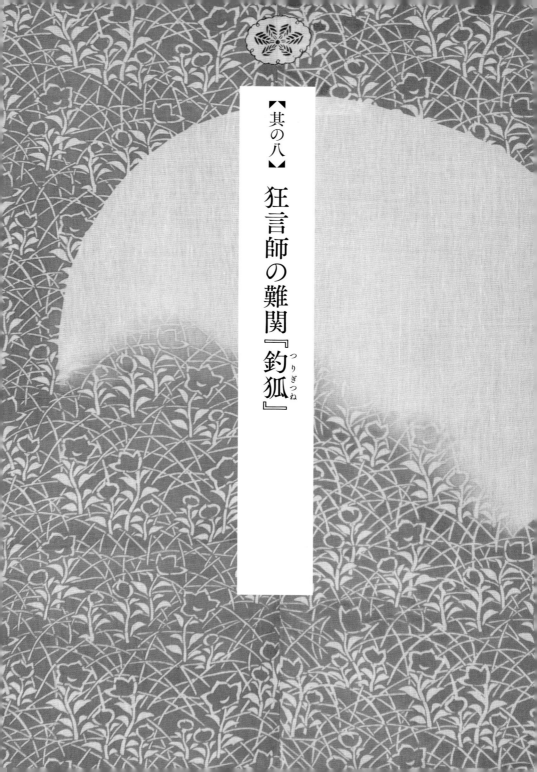

『釣狐』「狐」逸平、「猟師」茂　2011年　狂言季期

能楽師狂言方としての集大成『釣狐《つりぎつね》』

「猿に始まり、狐に終わる」

狂言師の修業――『靭猿』で初舞台を踏んだ狂言師は、『釣狐』で一人前になります。技術的にも高度で、体力的にも過酷な極重習《ごくおもならい》の大曲です

まず、『釣狐』のあらすじをご紹介しましょう。

猟師に一族を絶やされた古狐が、猟師の伯父の伯蔵主《はくぞうす》という僧に化けて、猟師のもとに行き、狐の執念の恐ろしさを示す殺生石の物語を語ります。

猟師は狐釣りをやめることを約束し、罠を棄てます。しかし、狐は帰途、餌を仕込んだ罠を見つけます。

狐は悩んだ挙句、変化《へんげ》を解いてから餌を食べに来ようと立ち去ります。

猟師は、壊された罠を見て、先刻の伯蔵主が狐だったと知り、古狐を待ち伏せます。

狂言の演目は20分ほどのものが多いですが、『釣狐』は1時間ほどの長い作品です。

『釣狐』「伯蔵主」逸平　2018年

『釣狐』は、狂言師の修業の一番最後にする作品です。

祖父や父から教わったものを、教えられた通りに舞台にあげるというのが『釣狐』まで。ここまでは教えられた通り最後の我慢を体の中に叩き込みます。

『釣狐』は、高く跳んだり不自然な姿勢や動作を身体に強いたり、特殊な発声が必要になったり、体力的にも過酷な演目です。体がついていくようになるまで半年は稽古がいるという大曲です。

前半に狐に化けた人間として登場し、後半に狐に戻ると、声の出し方や所作が変化します。前半の狐が化けている人間の演技では、獣らしく見せるために身体に色んな我慢があります。狐が我慢して人間になっているという設定です。後半、狐を演じるときは、人間を演じている狐から解放されて狐に戻るので身体的には解放されます。

狐の所作や声の出し方、別れの声、哀切の声などは、能の『道成寺』の習い事と重なります。能楽師狂言方の修業の過程にある、様々なものが『釣狐』にはちりばめられています。狂言師として必要な技術的要素が、狐の姿として描かれているということもできるでしょう。

能や狂言には稽古順やランクがあります。例えば狂言では平物《ひらもの》が初級、内神文《ないしんもん》が中級、本神文《ほんしんもん》が上級、小習《こならい》がプロフェッショナルで、この数字が上がるにつれてだんだん難しくなります。重習《おもならい》は、お年寄りが最後にするようなもの。『釣狐』は、極重習として位置づけられています。極重習は、狂言師としての人生の節目に演じる狂言で、ここに、『狸腹鼓《たぬきのはらづつみ》』『花子《はなご》』『釣狐』があります。『狸腹鼓』は、井伊直弼《いいなおすけ》公が作って茂山千五郎家にくださった演目なのでとても大事にしている狂言です。『釣狐』は、これまで20代の「TOPPA!」や30代の「狂言季期」で演じました。昨年2018年に30代最後の節目として演じて、3回目です。祖父や父から稽古してもらった動きが習いにあるので、それを稽古しなおしました。年齢を重ねても『釣狐』はできますが、初演通りに教えられた通りの『釣狐』を演じられるのはもう最後だと思います。

昨年は30年近くお世話になっている大槻能楽堂さんが、平日の夜の能の催しで『釣狐』を演じてもらいたいとおっしゃってくださった。能の会で、最も難しく滅多に

『釣狐』「狐」逸平、「猟師」茂　2011年　狂言季期

『釣狐』 稽古

上演されない『釣狐』を扱ってくださったので、やってみることにしました。

『釣狐』のテーマ

人間というものは仲間が傷つけられたら腹が立つし、それを止めさせたいという心がある。心の通じない人とは絶対に折り合わずぶつかってしまう。心の通じないものの象徴として狐と人間という対峙が描かれています。

仲間を守りたいという自分が思う正義のためなら、狐から人間に姿を変えてしまう。嘘も方便という描き方になっています。でも、正しいからといって成就はしないわけです。

狐は狐であって、狐でなくともよい。異形なものを通じて普遍的なものを語っている。狐の形を借りているということです。『狸腹鼓』は雌の狸ですが、これを狐にしてもよいわけです。

『釣狐』の稽古

稽古中は、父との折中が難しかったです。

稽古中、父から「そこが違う！」と言われたり、意見の落としどころが合わないこともあります。

『釣狐』は、教えられた通りに舞台に乗せるものですが、今回は3か所だけ自分の思うようにしたところがあります。息継ぎをゆっくりしなさいと言われたところを全部つめてみたんです。もう狐釣りをしないという猟師の約束を取り付けた狐が猟師のもとから帰るとき、喜び勇んで謡《うたい》を歌う場面です。嬉しくて歌おうというときに息継ぎをゆっくりはどうか？　と思って、ここは自分の考えを通しました。

稽古の最中は、外部を遮断して稽古場に籠ります。『釣狐』の初演の稽古を見たのは、父、祖父、千作だけでした。今年は40歳になるので、東京で3年間「狂言季期」を再開します。『狸腹鼓』に取り組みますが、父に稽古をつけてもらうので、籠り稽古の日々がはじまります。

『釣狐』の舞台裏

『釣狐』は演じる1時間前から、鏡の間の屏風の中に籠ります。屏風の中で衣装を着けてもらうのですが、衣装は『釣狐』を演じた人しか担当してはいけないんです。『釣狐』を未経験のままで衣装着けをすると不具合がおこるので、経験値のある人が担当します。『狸腹鼓』では、舞台の上で、尼から狸に変わります。舞台の上で、ひとつの動作をするだけですべての衣装が解きほぐれるという、茂山千五郎家の秘密事があります。その魔法のような秘密技もあるので、『狸腹鼓』も鏡の間の屏風の中で衣装付けをします。衣装を担当した狂言師たちには、そのまま舞台後見《こうけん》に出てもらいます。だれかが大切な演目をするときは、このように家全体で支えるので、茂山千五郎家が営業停止になってしまいます。

『狸腹鼓』　「喜惣太」十四世千五郎、
「狸」逸平　2019年　狂言季期

『狸腹鼓』について

茂山千五郎家で演じる『狸腹鼓』は、江戸末期に井伊直弼公が改作され、ご自身の婚礼で九世千五郎正庸《まさとら》に演じさせたものです。井伊家から茂山千五郎家にいただいた演目として大切に受け継いできた一子相伝の曲ですが、次男の七五三も受け継ぎ、同世代ではもちろん千五郎が継いでいます。

今年、40歳になることをきっかけに狂言季期を再開し『狸腹鼓』を父に請い演じました。同時期に、東本願寺に他見無用の『狸腹鼓』の伝書が収蔵されていることを知らされました。演じようと思ったときに伝書が現存することを知り、不思議なご縁をいただきました。慶和に教えられる演目が増え、次の世代のためになることができたと考えています。

【其の九】逸平《ぺぺ》のライフワーク　逸青会

「逸青会」とは、能楽師大蔵流狂言方の茂山逸平さんと、日本舞踊尾上流四代家元の三代目尾上菊之丞さんのふたり会。当代伝統芸能の担い手ふたりによる、芸術と創造の源泉を語っていただきました。対談は、２０１８年7月18日、猛暑の東京銀座の尾上流の稽古場で行いました。

（聞き手・構成　中村純）

尾上菊之丞（おのえきくのじょう）

日本舞踊尾上流四代家元。京都造形芸術大学非常勤講師。
１９７６年東京生まれ。尾上墨雪（二代目尾上菊之丞）を父とし、２０１１年尾上流四代目家元を継承し、三代目尾上菊之丞を襲名。１９９０年尾上青楓の名を許され、舞踊家として本格的に活動を開始。

菊之丞：尾上菊之丞です。日本舞踊の家元をさせていただいております。逸平君とは20年来のお付き合いです。

　日本舞踊家とは、何をするものなのかご存じない方もあると思うので、少し紹介します。ここ銀座でお弟子さんにお稽古をつけさせていただくこと、東京新橋の花柳界《かりゅうかい》、京都先斗町《ぽんとちょう》の花柳界でお稽古をつけさせていただくことが、私どもの仕事の大きな軸となります。具体的には、新橋「東をどり」、先斗町「鴨川をどり」では演出・振付を手掛けています。もうひとつ大きな軸としましては新作歌舞伎など様々な作品を創り、歌舞伎や舞台に、振付、演出、構成という形で関わっています。役者さんと振付が相談しながら作品を作るのです。

――尾上菊之丞さん、茂山逸平さんの出会いは、２００１年12月の「伝統芸能の若き獅子たち」という明治座主催の特別公演でしたね。

菊之丞：この時の舞台は、伝統芸能の異業種――能、狂言、浄瑠璃、舞踊とそれぞれの分野の人たちが出会うきっかけになりました。ここで逸平君と出会いました。

――そこから逸青会をはじめるまでには、少し時間があるようですがー。

菊之丞　逸平君と仲良くなったから一緒にやろうという、中途半端な気持ちで作品創りをしたくなかったから、一緒に始めるまで出会ってからも時間が必要でした。

逸平　菊之丞さんは、その当時は襲名前でまだ尾上青楓《せいふう》さんでした。逸平と青楓で逸青会。青楓さんはあまりお酒を飲まないんです。お酒を飲んだ勢いで人と一緒にやろう、ということはよくあるんですが、彼にはそういうことはなかった。話しているとと見ていることは同じでも、ビジョンが異なる場合があるわけですが、菊之丞さんにはことばが通じる。それが、一緒に作品を創りたいという一番の理由でした。

菊之丞　逸青会は、10年続いています。他ジャンルで、お互いが納得して作品を作り、お客様も喜んでくれたかな、という会が続いていることは、歴史的にもめずらしい。一緒にもの創りを始めようと言っても、通常は長く続かないんですよ。会をするというのは、お客様に対する方針やお金のことや色々なことが関わってくる。そこに齟齬《そご》があると続かない。僕たちは喧嘩をせずに続けている。奇跡的ですね。

逸平君は、提案をするとまず受け入れてやってくれる。受け入れてくれただけでやってくれない人は多いですよ。互いへのリスペクトがあるんでしょうね。

――狂言と日本舞踊がどのようにコラボレーションするのですか？

逸平　狂言にない賑やかな華やかな部分、動きや音曲的にもない良さが舞踊にはあります。舞踊には笑いの要素はないと思いますが、狂言が入ると舞台に笑いが入ります。双方の良いとこ取りの舞台ができあがるわけです。

――舞踊のお客さんも狂言のお客さんも、一緒に舞台を見てくださるのですね。

逸平　最初は笑いが二分されていました。狂言のお客さんと、舞踊のお客さんで笑うポイントが違うんです。

菊之丞　歌舞伎でしている狂言ものは、狂言で面白いものを、歌舞伎にひっぱってきて、歌舞伎に書き変えて音曲を入れます。我々は、狂言と舞踊のどちらかをひっぱってくるのではなく、お互いの良いところを持ち寄って積み重ねていく。

ひとつのコンセプトとしては、狂言だろうが、踊りだろうが、関係なくひとつの舞台としてお客さんに観ていただきたいということ。コラボというものからの脱却です。当初は、逸青会は舞踊狂言という紹介をしていました。今は、舞踊狂言という言葉も取って、逸平君と僕のふたりで創った「逸青会」というだけにしました。

菊之丞　古典芸能は横につながりがあるので、何かひとつ知っていると、ほかの芸能を観ても理解しやすくなります。演じる側も観る側も同様です。演者も観客も、様々な古典芸能に触れる中で、古典の世界を縦横に旅する。その旅の中で、逸平君と僕、ふたりがたまたま出会って、おもしろいものをやろう、ということです。

——ふたりで旅をしている、ということですね。逸青会の今後の展望、夢はどのようなものですか？

菊之丞　今後は、これまで僕たちが作った作品を、別の演者に演じてほしい。そうしてはじめて、作品として大きなステップをあがることができる。

僕たちが演じているうちは、僕たちのキャラクターで、ギリギリの阿吽《あうん》で成り立っている。人に演じてもらうことによって、作品の力量も明確になってくると思います。実はそれが古典になる第一歩なんですね。

僕たちの憧れ、ひとつの夢は、自分が作ったものが古典になっていくということ。

自分が消え失せても作品が生き続ける。それを逸青会として作れたらいいな、と。

歌舞伎役者や狂言の前衛的なコラボレーション作品のはじまりです。後世の狂言師の人たちが、あの作品やりたいね、と言ってくれるものが創れたらいい。

――その夢は、いつごろから実現するのですか？

逸平　今年（２０１８年）からです。作品『千鳥《ちどり》』をほかの人に演じてもらいます。

作品を客観視できるというのが楽しみです。人を選ばない作品が作りたいです。いい意味で作品が手を離れてくれたらよいです。

――「この人しかできない」ではなくて、だれもが演じられる作品の方が良いのですか。

逸平　その方が作品として強いですよね。特に狂言では、人を選ぶ作品はその人がいなくなったらできなくなってしまうわけです。狂言作品『附子《ぶす》』は、上演の５分前に太郎冠者と次郎冠者の演者がじゃんけんで変われるわけです。個の力ではなく作品の力が強いということになります。

菊之丞　歌舞伎も同じですよ。『勧進帳《かんじんちょう》』は、みな自分のが良いと思ってやるべきなんです。自分なりのやり方を見つけるうちに型ができてきたのだと思うんです。僕らが演じている作品も、「あれ演じてみたい」と思ってもらえるものにならないと。「あれは逸平ちゃんだからだよ」、「あれはふたりだからできるんだよ」となると、そこまでで終わってしまう。そういうものもあっても良いけれど、みんながやってみたいと思うものがあると作品が転がり始める。

――作品が旅をして転がりはじめるわけですね。

菊之丞　よりよくしようという試みによって、古典は磨かれてきている。だから、最初の作品から時を経ると、随分と変化してくる。その作業をしな

『わんこ』 2017年　逸青会

いと、作品は朽ちてしまう。ほかの人がすると、がらっと作品が変わっていくこともある。

――逸青会で昨年上演された作品、『わんこ』の舞台裏について、紹介してください。

逸平　『わんこ』は落語作家のくまざわあかねさんに書いてもらったんです。

売れないベテランの柴犬と、そこに入ってきた若い新入りの洋犬の、ペットショップでのお話です。

菊之丞　だいたい台本そのままではいかないものですから、上演ギリギリまでどういう結末にしようか悩むんですね。狂言は最後は「やるまいぞ、やるまいぞ」と追われて終わらせる力がある。『わんこ』は、どういう結末にするのか、どうやったら終われるのか、ということをいつも考えていました。

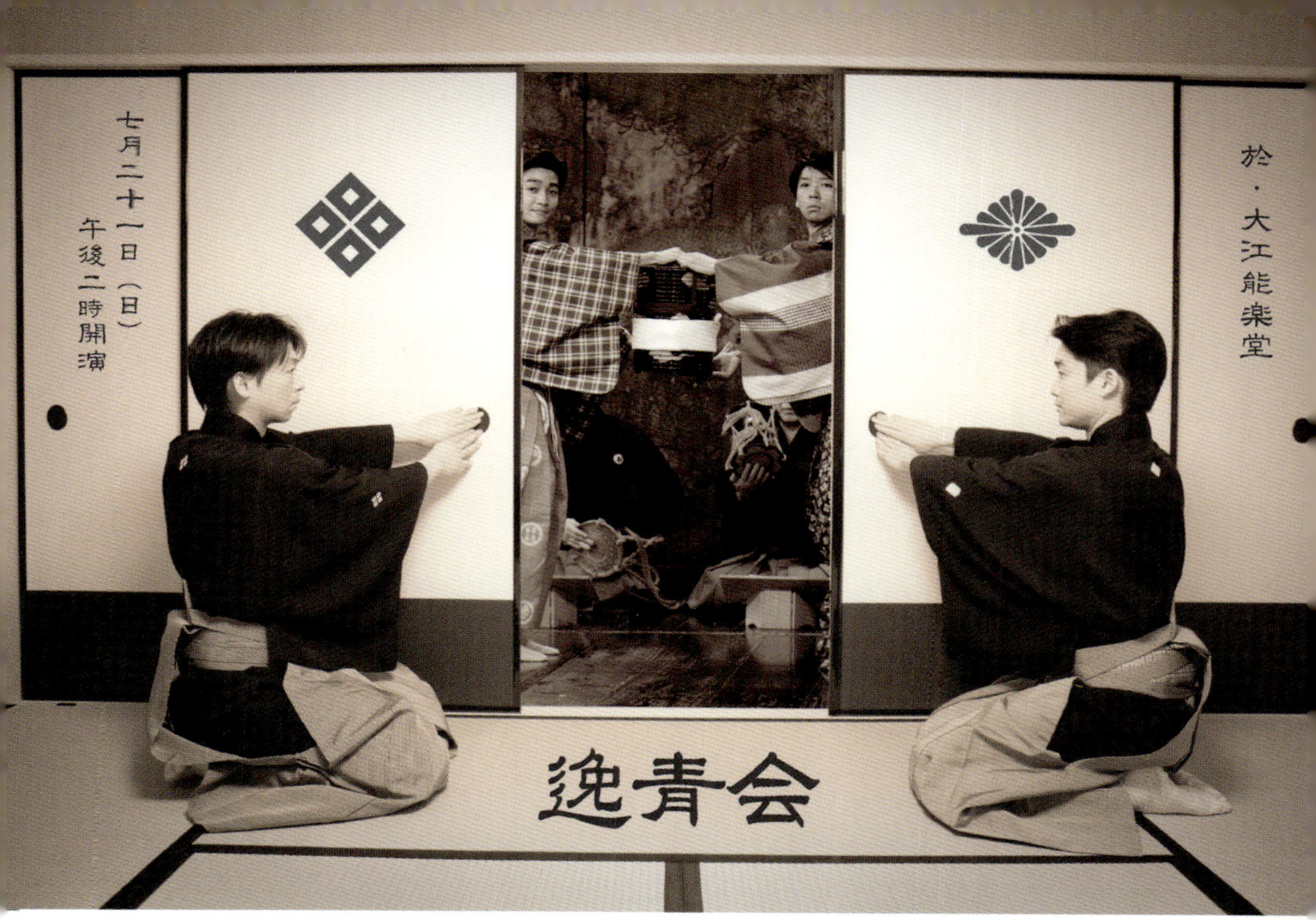

――どんな結末なんですか？

菊之丞　最終的には僕ら犬たちが老いて、柴犬は買われていき、ひとり残った洋犬は寂しくて気が狂う。柴犬は人に飼われてはみたけれど、やっぱり違うなと思ってペットショップに帰ってきてしまう。でも、このままふたりでペットショップにいても違うね、ということになる。

そこで、ぐっとアングルをかえて、ふたりがくるっとまわり場面が反転するとそのペットショップに買いに来た老夫婦になる。柴犬と洋犬はぬいぐるみになっていて、老夫婦はそれをかわいいね、かわいいね、と買って帰るという結末です。公演の二日前にやっと、これで終われる！　と結末が決まった。ぬいぐるみは、ヨドバシカメラに買いに行きました（笑）。

菊之丞　悩んで迷走したわりには、救われる最後になった。救われない物語が、やさしい物語に変わっていく。ぬいぐるみをお客さんが笑うということは、ある意味わかりきったことなんですよね。僕らはぬいぐるみでお客さんを笑わせることは望まないです。かっこつけるようだけれど、笑いに絶対的な必然性を感じさせることが大事なんです。

――今年の逸青会について

逸平　今まで逸青会が作り上げてきた新作の中から選りすぐりの作品を上演します。

歌舞伎、狂言から特別ゲストの方々に御出演いただきます。今年のふたりの新作『鏡の松』の中では、能舞台へのリスペクトを込めました。何百年とある能舞台には神様がいるんですけれど、神様に「神様がいる場所が正しくない」という話をしてあげるお話です。能舞台に松があるでしょう。あれは本当は鏡に写っている松という設定なんです。実はお客さんの後ろに松があって、舞台に鏡があり、鏡に松が写り込んでいるんです。逸青会から旅立たせる作品は、『千鳥』と『崇徳院』です。『千鳥』は松本幸四郎、千五郎、『崇徳院』は、尾上松也、逸平で演じます。

東京での4公演のほか、京都、高知での公演は、それぞれ演目も役者も異なります。

菊之丞・逸平は新作『鏡の松』を全公演で上演します。

――逸平さんと菊之丞さん、互いを鏡のように語ってください。

菊之丞　逸平ちゃんは自然体で、静かにアイデアを出してくれる。その穏やかな感じが良いし、色々なものを広く受け入れるキャパシティーがある。受け入れたものを、自分のなかでかみ砕いて演技にしていくということに長けているのだろう、と思います。お客さんも、彼を通して古典の世界を見ることができる。

逸平　僕は、いい意味でも悪い意味でも、ぼーっとしているので、変わらなくてはならないところでも変われていない。菊之丞さんは、家元になってからオンになったときの線引きがしっかりしている。大人になるというのはこういうことなのか、ということをわかりやすく見せてくれた同業種の先輩です。伝統芸能というのは、こういうふうに居住まいを正して人と接するべきなのか、と。すごく勉強になりました。逸青会を一緒にしている相方、先輩というだけでなく、大人になるためのいいお手本でもあるんですね（笑）。

菊之丞　襲名で名前が変わるというのは不思議なもので、人間も変わるんですね。

凄いステップアップをさせていただけるのが襲名です。襲名によって周囲の目も変わりますが、自分自身にとってもそれは生まれ変わるようなことなんです。襲名の初めての舞台、幕があがるときのある種の神々しさ、覚悟。まさに「夜が明ける」というような感覚がありました。

逸平　40歳までは仕事のスタイルとして、スケジュールがあいていれば、声のかかった仕事はなるべくやっておこう、と思っています。あと1年で40歳ですが、そこからはもう仕事を選んでもいいかな、と思うんです。いい悪いと思うのか、合う合わないと思うのか、やりたいやりたくないと思うのか。仕事を選ぶ基準は色々あると思いますが、選び出したときにどういう仕事をするか。好きな狂言を好きな時にする、という贅沢な仕事がしたいですよね。逸青会は、一番好きなものができている場所なんです。

菊之丞　逸青会は互いにとって、活力源、アイデア生産所のようなところ。逸青会があるからほかのものもうまくいくし、ほかのものがあるから逸青会がうまくいく。フィールドがたくさんあることで、芸能者としての経験値があがっていく。逸青

『千鳥』 2011年　逸青会

『崇徳院』 2014年　逸青会

会の役割はまだまだ続いていきます。

——おふたりが表現者として心がけていることを教えてください。

菊之丞　とにかく作品を多く見るということですね。海外作品なら、『ラ・ラ・ランド』、『グレイテストショーマン』など、ミュージカル作品も見ます。常にどこをどうやって参考にするか見て、ネタ帳に書き留めています。アイデアを拝借して、違う形にリニューアルするということはよくあります。

逸平　海外作品を見ることもありますが、この世界観ではないようにしなくては、と思って見ています。島国で生まれた舞台を創る者として、異世界とは違ったものを作っているということは忘れてはいけない、と思うことはありますね。

海外の作家では、シェイクスピアよりベケットが好きですね。

菊之丞　映画でも舞台でも、作品を見ていないと僕らの仕事では使い物になりませんね。何かをしようとしている人、プロになる人はひたすら見ないと。たとえ半面教師であっても、こういうのは厭だ、こういうのは当てつけだ、ということがわからないといけない。教えてもらおうというのではなく、いいものから悪いものまで見尽くして批評家になるようでないとね。

逸平　悪いと言われるものもおもしろいよね。なぜこういう表現をするのかと、不思議な感覚にとらわれることがある。

菊之丞　演劇は見ているお客さんの意識に大きく左右されます。作品が置かれている状況に影響されるんです。100人信者がいるようなところで、ひとりで見に来た人がいて、状況に呑み込まれる人もあれば、「ここやばくない?」と思う人もいる。

その瞬間瞬間のお客さんの反応で演劇は随分変わります。舞台にいるとね、お客さんのことを痛いほど感じるんです。自分の居所、空気が薄くなっていくように。舞台は始まるまで不安なんですよ。舞台が始まってふっとお客さんが笑ってくれたときに、ほっとして役に息が吹き込まれる。

逸平　最後の拍手より、最初の笑い声がほっとしますね。

『鏡の松』 2018年　逸青会

『鏡の松』について

『鏡の松』には能舞台へのリスペクトが込められています。能舞台の後ろの松は、舞台の正面向かい合わせにある影向《ようごう》の松が舞台側に写ったもの。影向の松は、神仏が現れるときの依代《よりしろ》。時代が変わっても俳優は神様に捧げて舞う心を忘れません。

『鏡の松』では、役者が舞台から降り、観ているお客さんと一体化してまた舞台に戻る、という演出ができました。この「間」をつなぐのは、日本舞踊の三味線や長唄などの音曲です。能楽と狂言師だけだと『鏡の松』は成立しなかったでしょう。尾上菊之丞さんの体、声、舞踊家としてのすぐれたところも、『鏡の松』の成立の必須条件だったと思います。

【其の十】狂言こそ、同時代のエンターテイメント

狂言は現代に生きる同時代のエンターテイメント。
役者としての矜持《きょうじ》について、逸平さんのお話をうかがいました。

（聞き手・構成　中村純）

――能楽、狂言の演技には、どんな特長があるのでしょうか。

逸平　狂言を演じるときには、現代劇のように感情移入して役に入り込むことはありません。演目や役柄のバックボーンを考えたりはしますが、役になりきって、内側から出てくるような表現ではないんですね。例えば、本当に怒ってにらむのではなくて、こういう感情の人がこういうリズムで旦那さんを見ている方がおもしろいよな、と客観視するわけです。例えば「泣く」でも、自分の感情を表現するのではなく、その感情が伝わりやすい表現方法としての、狂言の「泣く」という演技の型があります。

自分がどれだけ内面で演技していても、お客さんに伝わらなければ単なる自己満足です。能楽という芸能は見ている方に委ねるもので、能面のつけ方もお客さんからどう見えるかを配慮します。摺り足もお客さんの目がぶれないようにきれいに歩きましょう、ということなのです。

――型や形式の芸能ということでもあるでしょうか。

逸平　そうですね。女性を演じるときも、野太い声を出さない、足幅を少々狭くするとか、一定の型があります。誰でもできるようにするのが狂言の役柄。今日は太郎冠者、明日は女性を演ずるというように、どの役柄でも誰でもできなくてはいけない。それが狂言師の表現者としてのありようです。

――抑制、我慢の美学

逸平　能楽師、狂言師は、舞台の上で我慢をします。人間であれば当然するであろう自然な身振り手振りを抑えて舞台の上にいなくてはならない。動作をマイナスしていくことによってひとつの演技を際立てる、という考え方です。当時の日本的な感覚でもあると思います。

　例えばお茶のしつらいでも、きれいにしつらえたあとにわざわざきれいに汚す。能舞台でも、主人公が黙って15分も座っている。本人たちも嫌なんですよ。

　自分がじっとしていることによって、お客さんが舞台に集中する。

　それが眠たくなる能の作り方なんです。

みんなが我慢して、「いつ動くのかな、いつ動くのかな、あ、動いた！」

　そこまで我慢できた人が能を楽しめる（笑）。

――伝統芸能か、現代のエンターテイメントか。

逸平　最近、能楽や狂言に芸術性を求める人が多くて。古典や伝統ということが好きな人が多いのです。僕は、狂言を芸能のエンターテイメントとして見てほしい。演者も伝統や古典をよしとして、「楽しませる」という芸能の根本を忘れている人が多いと思います。能楽でも拍手のタイミングを強要するな、と言いたくなるものがあります。

「拍手は演者が入ったあとにしてくださると幸甚《こうじん》にございます」とパンフレットに書いてある。それはエンターテイメントではないと思うんですよ。エンターテイメントでありたいと僕は思う。お客さんが好きなときに笑ってほしい。

能楽師は武家社会とともに生きてきた時代があった。文楽や歌舞伎は芸能だ、自分たちは能楽「師」という格上のものだというような矜持ができた。伝統とか格式ももちろん大事です。知っていないといけない、外してはいけないラインはあります。「伝統芸能」だからと、着物を着てちゃんとお行儀よく見に行く、というのがあってももちろんいいとは思いますが……。古典や伝統に僕たちが縛られてしまうと博物館行きになってしまうので、そこは分けて考えられる人が多くなってほしい。旧いことを守るのは大事だけれどお客さんに押し付けたら終わり。

伝統や格式ではない部分でお客さんに楽しんでもらわないと、お国に保護していただき博物館に入ってしまうようなものになる。無形文化財に指定されてしまい、古典の演出方法を少し変えるときに、「こういうふうに変えていただいてよいでしょうか」と、お国におうかがいをたてないといけなくなるとしたら、芸能としての終わりです。現代に生きていないことになってしまう。僕たちはそういうふうにはなりたくない。

狂言だけでなく、能楽として、新しいエンターテイメントとして見せる道を増やさないといけない。そう思って、僕ら茂山千五郎家は常に新しい試みをしてきました。

――学校の能楽教室は、古典や伝統を学ぶという目的から入っていることもありますね。

逸平　学校でこそ、狂言はエンターテイメントでないといけない。

「狂言という古典芸能を皆さんに見てもらうために、京都から伝統ある茂山家の皆さんが来てくださいました。今日はぴちっと見るように。」と、校長先生が能楽教室の始まりの挨拶でおっしゃる（笑）。

生徒さんたちは、みんなうーん、となっている。僕らは「じゃ、校長先生が言ったことは、みんな忘れようね！」と、全否定から入ります（笑）。

学校狂言を何のためにしているのかと言われたら、10歳で狂言を見た子どもたちが20歳になったときに、狂言を観た、触れた、あのおもしろかったやつだよね、と思ってもらいたいということなんです。能や狂言を「勉強」としてしてしまう人もいるんですね。一定古典の知識、和歌や漢詩の勉強をしないとわからないので仕方ないのですけれど。

能楽の評論家が書いていることも、二種類欲しいですね。僕たちでも、難しくてわからない内容がありますし。能楽を知らない人が読んで、能楽を観たくなるようなことも書いてほしい。細かいことを知っている、旧いことを知っているということではなくて、面白かったかどうかを書いてほしい。見てくださる人を増やすように書いてほしいです。

――小学生の我が子が、「狂言面白かった。また行きたい。」と言っています。慶和君がプロの狂言師のおじさんになって、我が子もおじさんになって、変わらず狂言を楽しめる平和な未来を楽しみにしています。各地の学校でも、10歳の子どもに狂言を見せてあげてほしいです。今日はありがとうございました。

能『翁』「千歳」 2013年 八坂神社初能奉納

【特別コラム】

答えなき永遠のエンターテイメント

茂山逸平

狂言というお芝居はとっても不思議なお芝居かもしれません。

能楽という芸能のジャンルに属しながらも狂言単体で楽しんでいただくこともできますし、古典や伝統といった重みもある反面、演出によっては様々なジャンルとの融合も可能な身軽さも持ち合わせています。どんな場所や舞台に上がっても居場所を見つけることができるのです。物語の中心となることもできれば、その独特なセリフの言い回しや仕草で、異物としてのキャラクターや、俯瞰の目で見る語り部としても存在が可能なのです。そして「見たら落ち着くなぁ、あ！　出てきた！　あーホッとした」と思っていただけることがあるのでは？　と思います。これは元々の狂言、狂言方の役割からも言えることでしょう。

能楽は今では各々の役割が専業化されていますが、その中でも狂言には様々な役割が充てられます。道化から進行役まで何でも屋さん的なことを請け負う、

能楽の中でもかなり特殊な役割と言ってもよいのかもしれません。そうした特殊な役割を持つからこそ独特の身軽さを手に入れたのも狂言なのです。それが現代の演劇に枠を広げた時でも、同じように様々な役割を担うことができます。

　また、そういった身軽さを持つからこそ、新しいジャンルとの交流や新しい試みへ積極的に挑戦をしていくなど、日本文化を次代に伝えていく手段として狂言を活用して良いのではないでしょうか？　もちろん伝統や古典を守り伝えることも重要なことです。しかし、それはお客様に求めるのではなく、伝えていく狂言師やそれに携わるものが絶やさぬように知っておくべきものです。今日観に来てくださるお客様には芸能として楽しんでいただいてこそ、次代のお客様に受け継がれていくものだからです。

「古典芸能・伝統芸能とやたらと重みばかりを強調してやんややんやと言っても、お客様にとって楽しくなければエンターテイメントとしての意味がない」とも言えるのです。

　茂山千五郎家では祖父四世千作や大叔父二世千之丞の時代からたくさんの新作狂言を手がけ生み出してきました。そして今なお、年間数作の新作狂言を生み出しています。『沙石集《しゃせきしゅう》』や『宇治拾遺物語《うじしゅういものがたり》』などの日本の古典を題材にしたもの、民話を基にした昔話から作ったもの、新たに書き下ろしていただいたもの、新作お菓子のキャラクター的な作品まで、本当に様々な新しい狂言を作り出しました。

　もちろんその全てが現在に残って上演されているわけでありません。祖父や大叔父の頃から、役者や時代が変わっても今なお上演されている作品はおおよそ10曲ぐらいしか残っておりません。しかしそれこそが正しいことなのではないかと思っています。大蔵流茂山千五郎家に古典として残っている作品も約１８０曲しかないのです。何百年もの間に色々な人の手により作られ上演を重ねられてきても、残っている作品はそんな数です。50年ちょっとの間で残る作品を約10曲も作り出せたと喜んで良いのかもしれません。現在も様々なご依頼や企画によって新作狂言を手掛けていますが、その創作活動の中心となっているのが「ＨＡＮＡＧＡＴＡ」の活動です。１９７６年に当時の正義（五世千作）、眞吾（二世七五三）、あきらの三人で始めた「花形狂言会」を基とするユニットです。現在は十四世千五郎、宗彦、茂、逸平、三世千之丞の五人が、次代に伝える狂言と現代の笑いにも通用する表現を模索し創作して発表する場として活動しています。

普段の古典の狂言だけの公演とは一味違ったエンターテイメントを、お客様に楽しんでいただこうというわけです。モノマネの狂言風コントではなく、古典を知る狂言師が着物を脱ぎ捨てて洋服に身を包み狂言の手法を使ってコントをしたり、狂言衣装を纏《まと》って現代音楽に乗って踊りまくる。狂言の作られた時代には取り上げることがなかった日本の名作『忠《ちゅう》臣蔵《しんぐら》』に色気を出し、現代作家の方に書き下ろしていただいたり、はたまた日本を離れ、筆が進まずに苦悩するシェイクスピアを応援する不思議議な紋付衣装の劇団になったりします。少しでも狂言の楽しさを知っていただきたい、日本の芸能の良さを知って笑っていただきたいと、毎年挑戦をし続けています。

もちろん全てが成功ではないかもしれません、でもその時は「最高の笑い」をお届けしているつもりです。しかし、次回の打ち合わせをするときには「前回よりも刺激的で面白いもの」を作るために喧《けん》々《けん》諤《がく》諤《がく》とした会議を重ねます。

古典芸能や伝統芸能といった側面の研鑽《けんさん》はそれに携わる人とならばできますが、こういった新しい作品の創作活動はやはり「この五人が集まってこそ」、「千五郎家の結束があってこそ」と感じられる瞬間です。何よりこのような創作活動の場を父の世代から受け継いだからには、息子たちの世代に橋渡しをしなければならないと「ＨＡＮＡＧＡＴＡ」の五人が意識をし出しています。

年齢的にも40代ばかりになって「HANAGATA」の名称も少々恥ずかしくなってきましたので、そろそろ改名の予定です。名前は変わっても貪欲に、半分喧嘩しながらも新しい笑いを創造する五人でありたいですね。

また海外の方へのアプローチも考える機会が近年増えてきました。五輪や万博の誘致に成功したからかもしれませんが、ここ数年で一気に海外からの観光客の方が増え、能楽堂にいても海外の方を見かける頻度が多くなりました。

僕の生まれる以前から、海外の公演自体には祖父や父も結構頻繁に行っていたそうです。今でも年間に何公演かは千五郎家から行きますし、僕も年に一回は海外での公演の機会があります。昔は海外といえば『棒縛《ぼうしばり》』など、言葉がわからなくても動きの面白さで笑って貰える作品が最優先でした。言葉遊びの妙のような狂言は上演が不可能で多くの演目に制限があったようです。最近ではパソコンや映像技術の発達により比較的簡単に字幕を投影することが可能になってきたので、上演作品のバラエティも増え、色々なニーズに対応できるようになってきました。

僕も約1年フランスに研修で滞在していました。日本が大好きな方は海外にとても多いようです。その中でも能や狂言といった日本文化に興味のある方の振り幅が想像以上に広く、対応に苦心した覚えがあります。

ややこしい例えですが、マルセルマルソーの身体表現と能の身体表現の関係に興味のある人と、フランス喜劇と狂言の共通点や違いに興味のある人を同時に相手しながら、能と狂言と歌舞伎の違いを知りたい人ともディスカッションをするのです。

日本でなら、個々に公演を開催すれば良いのですが、海外でとなるとそうはいきません。公演を観てくれた人が同時に質問に来るのです。限られた時間の中では簡単なこととは言えません。しかし字幕があることにより、演目自体の理解が深まり、事前の解説による演劇としての狂言の成り立ちや演出法のルールを知っていただくことで、様々な方向からの質問やアプローチに対応することができます。

こういった海外での公演において、いわば「アワアワ」したことがある経験を持つ演者が増えることにより、日本においても能や狂言、日本古来の芸能にまだ馴染みのない方や、思わぬ方向からアプローチしてくださる方へのディレクションが可能になるのです。

日本で生まれた芸能が海外の方を介することにより、本質的な芸能としてのプロデュース方法を見出せる。今はいい時期にあるのかもしれません。だんだんと日本固有の文化の意識が薄れ線引きが曖昧になってきています。道を歩く着物姿がとても珍しく感じられる。楽しむために作られたはずの『源氏物語』や『平家物語』が受験の為の教材のように取り扱われ、『桃太郎』や『金太郎』や『浦島太郎』が携帯電話の会社のキャラクターとしか認識されなくなった現代の世の中は、日本古来の芸能を提案するには余程の発想の転換を必要とする時代なのです。

大先輩の言った『生きたまま博物館に入り動く人形のようにはなりたくない』と言った言葉が痛切に身にしみて感じることができるのも、今の時代なのかもしれません。この言葉を真実味をもって次代に

「花子・寝音曲」
・千鳥」
無布施経・萩大名
「枕物狂・佐渡狐」
「庵梅・惣八」
各35
スーパー狂言
ツゴロウ」
ローン人間 ナマ

伝えるためにも、今を生きている僕たち古典に携わる者が「生きたエンターテイメント」としての古典芸能の進退を模索することは非常に重要な案件とも言えます。

おそらく１００年後の狂言師達も悩み模索していることは間違いありません！

「古典芸能・伝統芸能としての狂言」は、どうあるべきなのか？

「娯楽の中の芸能としての狂言」は、今どう観せるべきなのか？

移ろいやすい流れの世の中で、こんな難問に答えを出すのは簡単なことではありません。どんなに必死に考えて万全の準備をしても役者自体は答えを持ってないのです。演劇や芝居は観ていただいたお客様しか答えは持たないのです。それは往々にして個人の嗜好によるので変化します。役者が「こんなことを思って貰おうと考えていた」などと後付けの解説をしても全くの無力です。これはとてつもない難問中の難問です。

おそらく祖父や大叔父も明確な答えを持たないいまだったでしょう。実際晩年の祖父からずっと聞かれていました。

「お客さん笑ってはったか？　喜んではったか？」

これは正しい反応だと思います。90年近く狂言をしても笑ってもらえることが一番なのです。楽しんでもらうことが何よりなのです。

今後も日本人の文化や習慣が変わっていく限り、答えはずっと見つからずに時代時代の対処しかできないことを受け入れなければならないのかもしれません。

こうした思いや考えが「点ではなく線」として繋がって行くことができれば、その時代に合った日本文化の中に「日本で一番古い笑いのお芝居」としての狂言の居場所は見つかるはずです。

後記　書を読んで、狂言へ行こう！

中村　純

2018年の1月、かつて文化出版局の『ミセス』編集部の先輩だった岡崎成美さん（現在は、春陽堂書店のエディトリアル・プロデューサー）に、「京都の狂言師茂山千五郎家の茂山逸平さんと慶和君の親子の本を、取材して書いて編集してほしい」というご依頼を受けました。

逸平さんと慶和君とほぼ同世代の親子が狂言に関心を持ち、狂言を観に来てくれるような本を作る。それがこの本の目的でした。

私は東京の三省堂で国語の教科書を編集したり、国語の教員をしていたことがあります。現代の生徒たちに、伝統芸能や古典を身近に面白がってもらうことは大きな課題でした。古典の時空を現代の生活に共有することは容易ではありません。しかし2012年に東京から京都に転居し、京都では古典や伝統芸能が日常であることを実感します。京都では、寺社や街角で、素人もプロも混ざり合って、伝統的な祭りや芸能を日常に創造し続けていたのです。

逸平さんへの取材はほぼ一年に及び、春陽堂書店のウェブ連載も10回になりました。逸平さんには、狂言の歴史や基本から教えていただきました。

この間、たびたび狂言の舞台を観に行きました。能舞台でこんなことを！　と思うくらい、ラディカルな新作狂言あり、子どもが楽しむ狂言あり。

物心つく前から鍛え抜かれた狂言師の体と声は、舞台で一切無駄なく美しく、人間讃歌と「和らい」に満ちていました。京都では「伝統は革新の連続」ということばを聴くことがあります。茂山千五郎家の皆さんは、先代への敬意を忘れず、伝統の本流をしっかり体と心に受け継ぎ、現代の観客との間に芸能を再現し、常に挑戦し革新し続けていました。その創造の源泉を、座談会に登場してくださった役者の皆さん、逸平さん、慶和君の言葉から汲み取っていただき、実際に狂言を観に出かけてくださるとうれしく思います。

本書は春陽堂書店のオウンドメディアのウェブ連載をもとに加筆、書下ろし、茂山逸平さんご自身が執筆された章も加えました。写真やデザインや内容のチェックなど、細部にわたり、逸平さんが監修されています。本書は能楽写真家の上杉遥さんの写真家としての作品集でもあります。装丁デザインの上野かおるさんも加わり、京都の編集チームで織りなしました。

この物語は、次は、茂山千五郎家当主の本に続いていきます。楽しみにしていてください

監修：茂山逸平（能楽師大蔵流狂言方）
執筆：茂山逸平、中村純
編集：中村純（編集者　京都造形芸術大学文芸表現学科専任講師）
撮影：上杉遥（能楽写真家　白拍子研究所）
写真提供：川西善樹（65 68 69頁　靭猿舞台）、茂山逸平
装丁本文デザイン：上野かおる（鷺草デザイン事務所）
協力：茂山千五郎家、尾上菊之丞（尾上流事務所）

茂山逸平　風姿和伝
ぺぺの狂言はじめの一歩

二〇一九年六月二五日　初版第一刷　発行

監　修……茂山逸平
構成・文・編……中村　純
写　真……上杉　遥
発行者……伊藤良則
発行所……株式会社　春陽堂書店
〒一〇四-〇〇六一
東京都中央区銀座三-一〇-九
KEC銀座ビル九階
電話　〇三-六二六四-〇八五五（代）
デザイン……上野かおる
印刷・製本……株式会社　クリード

ISBN978-4-394-90354-3